街間格差

オリンピック後に輝く街、くすむ街

牧野知弘
不動産事業プロデューサー

643
中公新書ラクレ

はじめに

■家を買うなら、本当に「オリンピック後」？

東京23区在住者の人口は現在約９４０万人を数えます。日本全体が人口減少に見舞われる中、東京には相変わらず人が集まり続けています。とりわけ１９９５年以降、日本において「独り勝ち」とも呼ばれるほど、東京は人々を集めることに成功してきました。

東京が人口を集め続け、そしてその姿を変容させている背景として、私たち日本人のライフスタイルが大きく寄与しているようです。

産業構造の変化に応じて地方から東京に人々が集中した結果、都心の地価は高騰。その分「東横線」「田園都市線」といった鉄道が都心部から放射状に延び、その沿線に次々と開発された郊外の住宅地が人気を呼びました。

「夫は長く電車に揺られて都心部の会社に勤め、妻は専業主婦として環境の良い街に身を据えて家族を支える」という構図が日本経済を支えてきたのです。

ところが夫婦共働きが当たり前となる1995年以降になると、都心部への交通利便性が家選びの最重要ポイントに変わり、大手デベロッパーが分譲する都心のタワーマンションなどが人気を博することになります。それは、夫婦共働きと郊外生活をエンジョイすることの両立が困難になったためと思われます。

ライフスタイルは時代とともに変化し、家選びの基準も変化してきました。ただ、「住まいを買う」という最大の動機の一つとして、相変わらず「住宅価格の上昇を見込んで買う」というようなステレオタイプな考えが未だに残っているようです。

たとえば最近、家の購入を検討している人から「やはりオリンピック後が良いでしょうか」といった相談をよく受けます。

本来、家を買うのは勤め先の状況や家族構成の変化といった自身のライフステージに応じて考えるべきです。ところが「オリンピック後は物件価格が値下がりするから」「そのタイミングで買えば、買った家が値上がりするから」といった、「住む」「暮らす」という価値と、投資としての価値をごちゃまぜにした視点に多くの人が陥っているように見えます。

「買ったマンションが値上がりした」もしくは「値下がりした」ということがよく話題に挙

がるのも人々のこうした潜在意識の表れと言えます。

■「通勤する」東京から「どこにも行かない」東京へ

今東京で働く人が家を買う際、まず考えるのは都心部への通勤利便性かもしれません。会社との往復が人生の多くを占めてきた日本の勤労者にとって、交通利便性を重視するのは当然の選択と言えます。

ただし時代の価値観が刻々と変化する中、住まいはこれまでの、ただ「寝るだけの場所」、あるいは「投資対象」から、きちんと「住む」「暮らす」ということの効用、つまりソフトウェアを考える時代を迎えようとしています。

昨今政府が提唱している「働き方改革」。

この改革では、長時間残業の削減や裁量労働制の可否ばかりに目がいきがちですが、実は私たちのライフスタイルそのものの変化の予兆を含んだ改革であることに気づいたほうがいいでしょう。つまり、毎日「会社」という都心の建物に通い、与えられたデスクで決まった時間に仕事をする、というスタイルに変化が訪れつつある、それぞれの裁量でもっと自由に働く時代が来たことを意味しているのです。

人々が自由に働く社会が実現されれば、「通勤」という概念は世の中からなくなるかもしれません。勤労者の立場のまま、自分が「暮らす」場所で一日の大半を過ごす。その「街」で働き遊び、もっと根を下ろして生活するようになる。

そうなれば「住まい選び」はハードとしての家、あるいは交通利便性といったこれまでの価値軸だけでなく、その街、その住まいで過ごす意味を重視する方向へシフトしていくことが予想されるのです。

■これから広がるのは「街間格差」

つまりこれからは「東京だからいい」とか「会社に行きやすいからいい」、ましてや「価格が上がるからいい」といった観点での住まい選びから離れ、「この街に住めばどんな楽しいことがあるか」「暮らす街に自ら参加してその価値を高められるか」といった動機で住まいを選ぶ時代がやってくるものと考えます。

地元のお祭りや行事を自らが企画する。街の人々が触れ合う、もしくは三世代が交じり合う。東京にも「ここがふるさと」と感じられるような、本当に「住む」幸せを感じることができる「街」が続々と誕生するようになるのです。

一方、これからの都内では、その輝きを放つことができる「街」とできない「街」との間に大きな格差が生じるものと考えられます。

建設が進む新国立競技場。東京都新宿区で2018年７月18日撮影。読売新聞社提供

その先で生まれた「街」の魅力度に応じ、不動産価格に差が生じるような時代となるでしょう。

これも本文で詳しく触れますが、まもなく「東京ならば大量の人々が流入する」時代は終わります。これからは東京に点在する特徴ある「街」に移り住んだ人々が、さらにそれぞれの「彩《いろどり》」を付ける時代になるのです。

本書では、これからの住まい選びを「街」選びの観点で考えてみました。

みなさんがこれまで漠然と思っていたそれぞれの街に対する評価と同じものもあれば、大きく異なるものもあるかもしれません。また生活するうえでは街が所属する行政区の住民向けサービスや特典などももちろん大事な選択肢であることは承知していますが、本書ではあえて取り上げず、「街」としての住み心地やこれからの発展の可能性について、不動産屋の目線から考えてみました。

住まい選びを考えている方、すでに買った方も含め、街に対する新しい発見や驚きがあれば幸いです。それでは一緒に、東京の姿をじっくり見ていくことにしましょう。

目次

図表作成・本文ＤＴＰ／市川真樹子

街間格差

オリンピック後に輝く街、くすむ街

第１章

2020年以前

何が東京を形作ったのか

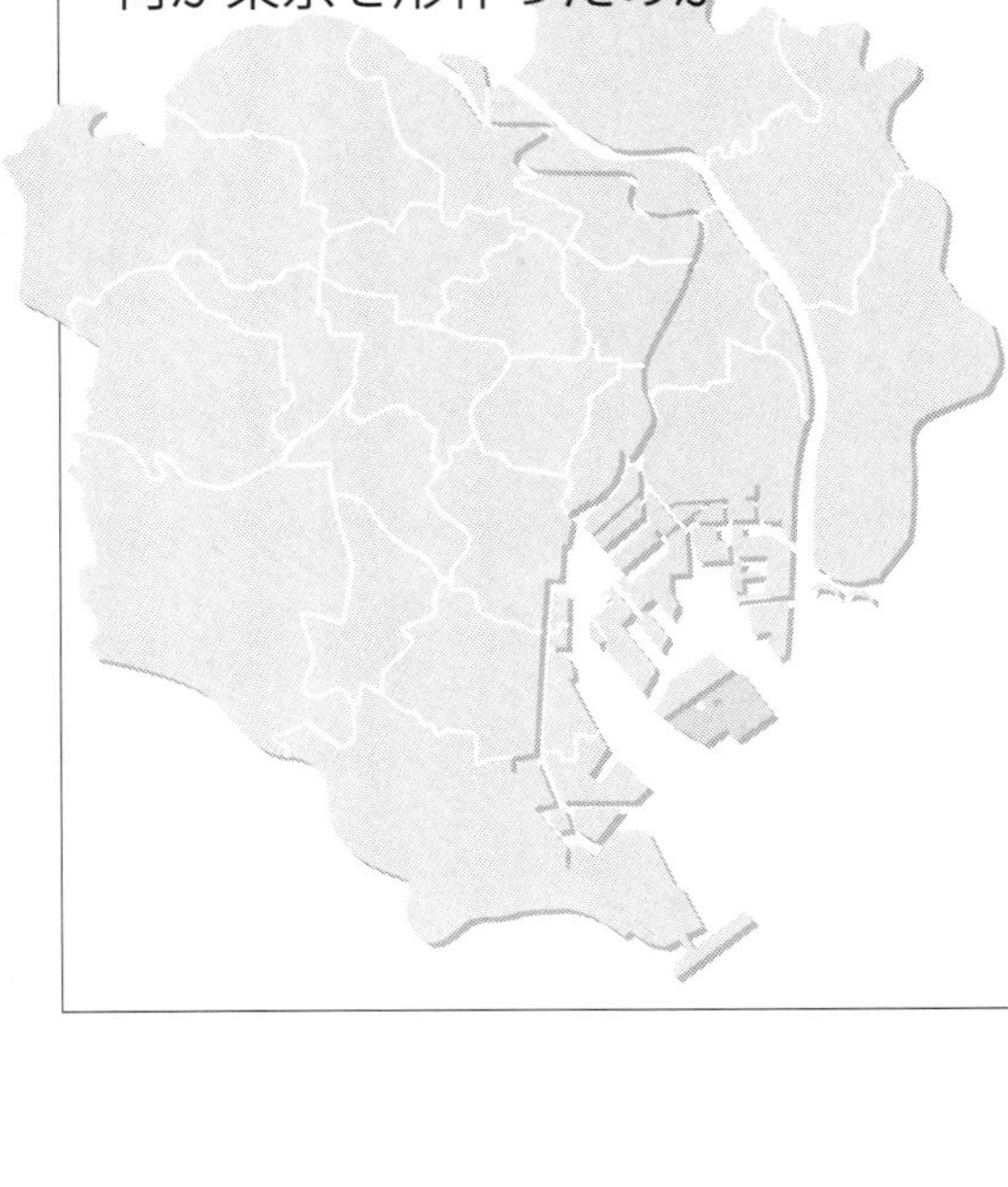

■東京を形作ったものとは

東京を見晴るかす――。

この本の冒頭となる第1章では、東京そのものの姿について俯瞰《ふかん》してみたいと思います。東京の地図を広げてみて目立つのは、都内を流れる多くの川、縦横無尽に走る道路と鉄道、そしてその間に広がる住宅や商店、学校です。とりわけ目につくのは東京とは非常に「水」に恵まれた都市だということです。

東京都内には現在、一級河川として多摩川水系、利根川水系、荒川水系、鶴見川水系という四つの水系があり、この水系を中心に92の一級河川が展開しています。これに二級河川を含めると、都内にはなんと１０７もの河川が存在し、その延長距離は８５８㎞にも及んでいます。

しかし東京の河川は、もとからこのような水系だったわけではありません。現在の水系が整ったのは１９６２年に新中川が完成したときであり、その完成をもって、今の東京の基本形ができあがったと言うべきでしょう。

■図表1　東京都内を流れる河川

（単位：km）

一級水系	大臣直轄管理	知事管理	計
利根川水系	22.10	55.02	77.12
荒川水系	33.10	219.936	253.036
多摩川水系	76.12	334.86	410.98
鶴見川水系	0.00	20.75	20.75
計	131.32	630.566	761.886

級　別	河川数	延　長
一級河川	92本	761.886
二級河川	15本	95.17

出所：東京都

■河川とともに整備された東京

江戸幕府を築いた徳川家康が入府したのは1590年（天正18年）ですが、当時の水系は渡良瀬川が直接江戸湾に流れ込んでいました。利根川も現在のように銚子に流れてはおらず、荒川と合流し、江戸湾へ流れ込んでいました。さらに隅田川は、入間川の最下流部分として位置付けられていたのです。

入府した家康は、江戸を東日本随一の大都市に仕立てるべく、大胆な河川工事を実施します。工事の実施には大きく言って、三つの理由がありました。

一つ目が洪水対策であり、二つ目が豊かな農地を作るための灌漑工事、三つ目が江戸へ日本中の物資を集めるための物流機能の整備でした。

その結果、利根川の川筋は東へ移して渡良瀬川と合流、銚子に流すことで江戸は太平洋へと直接繋がることになります。現在の千葉県佐倉市付近が利根川から太平洋に繋がる物流の街として栄えたのは、この川の付け替えによるものです。

また、渡良瀬川の最下流部分は江戸川と名前を変え、利根川の分流となります。荒川は入間川と繋げられ、上流で隅田川と分岐して江戸湾に流れ込むようになりました。家康による河川改良事業は「利根川の東遷、荒川の西遷」とも呼ばれています。

江戸時代にこれだけ大規模な河川整備を手がけなければならなかったのは、当時の物資運搬の交通体系が、陸路ではなく海路だったからです。

江戸の商業の中心と言えば日本橋ですが、それ以外にも京橋や新橋など、都心に水にちなんだ地名が多いのは、家康が整備した河川を使った水運を中心として経済が発展したためです。

東京の河川整備は時代が明治になった以降も続けられました。特に荒川は氾濫が相次いだことから、明治政府は１９１１年より荒川放水路の整備に取りかかります。

この結果、隅田川流域での洪水被害は減少しましたが、荒川の東岸の低湿地帯では依然として洪水の被害が後を絶ちませんでした。そこで江戸川と荒川の間を流れていた中川の改修に着手。大工事の末に新中川を建設し、東京の河川は現在の姿に至ることとなります。

のです。

■再び「水の都」へ

こうした河川整備の一方で、物流基地として都内には多くの運河が建設されました。船で運ばれてくるたくさんの物資をさばくための河岸が必要となり、街の中に運河が建設されたのです。

現在、都内には約15の運河が残っています。

今、中央区晴海や江東区東雲などと聞くと、林立するタワーマンションをイメージする人が多いかもしれません。しかしこれらも、もとは運河として整備された地域でした。

アメリカ資本のブルーボトルコーヒーの日本第一号店がオープンするなど、近年、江東区の清澄白河が若者を中心に人気を集めていますが、この街にある小名木川も、やはり運河として整備された場所です。なおブルーボトルコーヒーがこの地を選んだのは、静かで道が広く、それでいて清澄庭園や現代美術館があるなど、文化的な場所でもあったから、などと言われています。

江戸時代から引き継がれてきた河川や運河は、明治時代となり、江戸がその名を東京に変えてからも、清潔に保たれてきました。東京の人々は水に親しみ、水を大切にして生きてきたのです。まさに東京は「水の都」でした。

ところが太平洋戦争の勃発で東京は空襲を受けて、大量の瓦礫が運河や河川に投棄され、戦後には多くの工場から廃液が流れ込んだことから、清廉な水辺は黒く淀み、川岸は無機質なコンクリート壁の堤防になって街と川との間に立ちはだかることになります。

私は中央区築地明石町で育ちましたが、子供の頃の情景とは、まさにこの黒く淀んだ隅田川と運河の光景です。

その後、公害問題がクローズアップされるのに従い、工場の廃液や家庭排水に対して厳しい環境規制が施され、川の水はきれいになり、魚が泳ぐまでに回復しました。

街と川を分断していたコンクリート堤防も壊され、スーパー堤防に整備されるなどした結果、水辺は再び人々の憩いの場へ戻りつつあります。

つまり、東京は「水の都」として蘇ったのです。

私たちが東京について考えるとき、

■図表２
東京都内を流れる運河

1	朝潮運河
2	有明西運河
3	小名木川
4	京浜運河
5	汐浜運河
6	汐見運河
7	東雲運河
8	新川
9	辰巳運河
10	竪川
11	天王洲運河
12	豊洲運河
13	花畑運河
14	晴海運河
15	横十間川

この「水」を語らないわけにはいきません。河川の支流でも、南こうせつが歌い、流行歌にもなった神田川、桜の名所として名高い目黒川や石神井川、日本橋の下を流れる日本橋川など、特徴のある河川が街に彩を添えています。

今でこそ東京は、高速道路や鉄道が縦横無尽に走る街ですが、これからは都民や東京を訪れる観光客の足として、水を使った交通路の整備や利用があらためて視野に入ってくるものと思われます。東京五輪でも東京の水は大いに活躍することでしょう。

ふだんあまり意識することはないかもしれませんが、今も昔も「水」は、東京を支える重要な資源の一つなのです。

■複雑過ぎる東京の道路

日本橋の上を通る首都高。東京五輪・パラリンピック後の地下化を検討している。2017年７月21日撮影。読売新聞社提供

東京に車でやってきた人の多くが困惑するのが都内の道路の複雑さでしょう。たとえば首都高速道路は制限速度60㎞とはいえ、複雑に曲がりくねるうえ、通行する車の数も多く、どの車線でどの出口に向かって進むか、あらかじめ頭に入れておかないかぎり、目的地に辿りつくことは容易ではありません。

通りの名もたくさんあります。タクシーに乗って運転手さんから「どの通りを行きますか?」と尋ねられれば、東京で生まれ育った身でもすぐに思い浮かばない、ということもしばしば起こります。

では東京の道路は、どのようにして今のように複雑なものになったのでしょうか。

東京の道路は、関東大震災と太平洋戦争という二度にわたる破壊を契機に大規模な整備が行われてきました。太平洋戦争以降を辿れば、戦災復興院の告示に基づいてその整備が始まり、続いて国である建設省（現国土交通省）、東京都、そして特別区が告示した道路によって整備されました。

なお都内の道路はその規格に応じて、「高規格幹線道路」「地域高規格道路」「環状道路」「放射道路」、そしてこれらの道路を繋ぐ「補助道路」などで構成されます。

「高規格幹線道路」というのは東名高速道路のような高速道路に加え、国土交通大臣指定に基づく高規格幹線道路、たとえば圏央道のような道路のことを指します。「地域高規格道路」とは「都市圏自動車専用道路」と呼ばれる道路、都内では首都高速道路や第二東京湾岸道路、第三京浜などの高速道路がこれに当たります。また一般の高規格幹線道路として八王子バイパスなどはこの分類に当てはまります。

これらは有料道路ということもあり、東京都民ならおおよその場所や位置づけについて理解できているかもしれません。複雑なのはここからです。

通称「環七」とか「環八」などと呼ばれる環状道路。文字通り、東京をぐるっと囲んでいますが、正式には「東京都市計画道路幹線街路環状○号線」という恐ろしく長い名称を持っています。

環一から環八まで、都内には環状道路が8本あるわけですが、それぞれの道路の正確な起点や終点、通る場所や距離などを把握している人は、相当な道路通でしょう。

図表3は都内を走る環状道路8本を示したものです。

実は環状道路といいながら、東京を完全に「環」でくくっている道路は、千代田区日比谷を起点として、有楽町までを環状で囲む環状一号線だけです。

ただし環状一号線は、そのほとんどが内堀通りと日比谷通りから構成されるため、東京人

■図表3　東京都を走る環状道路

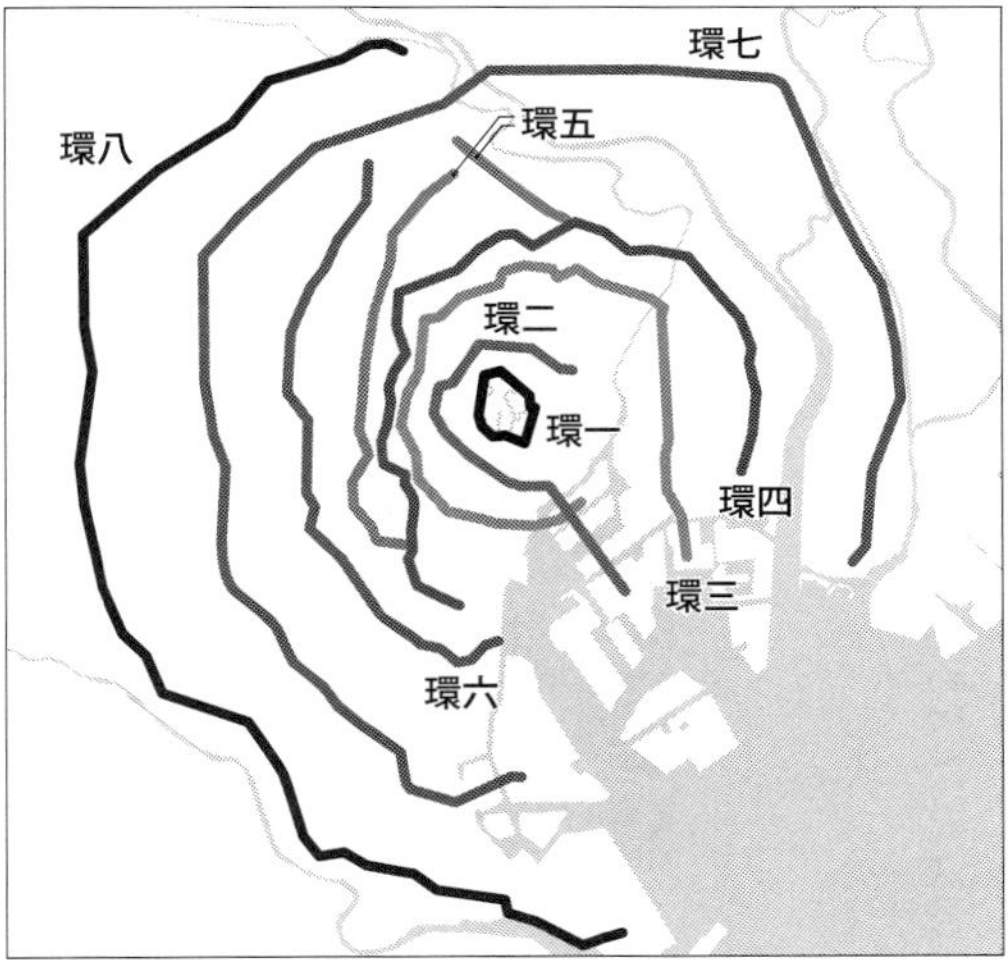

でも「これが環一だ」と理解できている人はかなり少ないのではないでしょうか。

環状二号線は2014年3月、虎ノ門・新橋間の通称「マッカーサー道路」と呼ばれる区間、約1・4kmが開通して話題になりました。

しかし汐留から築地市場を経て、豊洲の新市場に繋がる区間については、新市場の汚染水問題により計画が大幅に遅れ、暫定道路による運用は始まったものの、完成は2022年度までずれ込む予定となっています。

なおこの道路、完成しても終点は千代田区の神田佐久間町一丁目まで。やはり環状になっていません。

環状三号線、四号線、五号線に至っては、それらの名称が一般にほとんど用い

環状２号線。開放された未開通区間の道路を見学する地元住民ら。2018年９月15日撮影。読売新聞社提供

られていません。というのも環状線が外苑東通りや明治通り、言問通りといった通称名、いわゆる「通り名」に化けてしまい、そもそも環状道路という認識が東京都民にもほとんどないためと思われます。

五号線などは、どういった経緯からか「五ノ一」「五ノ二」という２本の道路として扱われており、環状線の意識はより低くなっています。

通称の「山手通り」が馴染み深い環状六号線は、かろうじて両方の名前が併用されている印象があります。ただし、あらためてこの六号線を地図上で眺めれば、品川区の東品川二丁目から板橋区の氷川町まで、環状どころか、都内をほぼ南北に貫いただけの道路となっていますが。

環状七号線と八号線は東京の郊外部を走っているためか、「通り名」がなくなり、ようやく「環七」「環八」といった名称で呼ばれるようになります。

道路の距離は、環七が大田区東海一丁目から江戸川区臨海町四丁目までで52・5㎞。環八は大田区羽田空港三丁目から北区岩渕町までの44・2㎞。つまり、本来なら一号から八号まで、徐々に環が大きくなっていくはずの道路距離が、実は「環七のほうが環八より長い」という不思議な結果になっています。

これら8本の環状道路を貫く36本の道路は「放射道路」と呼ばれ、東京の都心部から郊外に向かい、文字通り放射状に走っています。これらにも「東京都市計画道路幹線街路放射○号線」という長い名称が与えられていますが、放射道路の方はほぼ「通り名」で呼ばれており、「号線」で理解している人はほとんどいないでしょう。

たとえば中原街道。品川区の戸越近辺より多摩川を渡ってタワーマンションが立ち並ぶ武蔵小杉近くの新丸子までを指しますが、正式な名称は放射二号線です。同様に目黒通りは三号線、青山通りから玉川通りにかけては四号線です。

つまり東京を車で走る場合、正式名称以外に名付けられた「通り名」まで必要に応じて覚えておかなければならない、ということです。これが東京の道路への理解をより難しくした理由の一つと思われます。

■東京の道路が曲がりくねった理由

放射道路のほかに、これらの道路を繋ぐ「補助道路」があります。正式には「補助線街路」と呼ばれ、その数は330本あまり。これらの道路も一部に「通り名」が冠されています。また補助道路になれば「環状」でも「放射」でもない。そのため、ますます把握するのは大変です。

では、こうした「通り」は都内にどれだけあるのでしょうか。

東京都は「東京都通称道路名一覧表」を公開し、都内交通の利便性を図っていますが、この表によると「通り名」がついた道路は、なんと171本にも及びます（離島部も含む）。これら通り名をすべて覚えるのは、タクシーの運転手だろうと困難でしょう。

このように、東京都内にはたくさんの道路が張り巡らされていて、その全容は理解しがたいものになっています。

そもそも東京のルーツである江戸は、江戸城を中心に栄えていました。その江戸城は皇居となり、今も東京の中心を成しています。その皇居を囲むように東京の道路網は形成されてきたため、京都や札幌などと違い、碁盤の目状に「まっすぐ」に整備できませんでした。

結果として皇居から放射状、もしくは環状に形作られ、東京の道路は歪み、曲がりくねった、というわけです。

なおGoogleマップ上には「東京通り名マップ」が登録されており、「通り名」を選べば、その通りがどこを走っているか、瞬時に表示されるようになっています。ぜひのぞいてみてください。

■東京の地下鉄の成り立ち

地方から東京にやってきた人が、もう一つ困惑する存在が鉄道、特に縦横無尽に張り巡らされた地下鉄網ではないでしょうか。

何せ地下鉄は地上を走っていないので、周囲の景色を眺めて降りる駅の見当をつけることができません。最初から路線図を頭に入れて乗車しないと、どこを走っているのか、皆目わからなくなってしまいます。

東京の地下鉄は、「地下鉄の父」と呼ばれる早川徳次が1920年に設立した東京地下鉄道が、1927年に浅草と上野間で地下鉄を開通させたのが始まりです。

もう一つの地下鉄会社として認可された東京高速鉄道は1934年に設立。こちらは19

38年に青山六丁目と虎ノ門間に地下鉄を開通させました。

この二つの地下鉄同士が路線の権益を巡り、ぶつかったのが新橋です。虎ノ門方向から線路を延ばす東京高速鉄道と、すでに浅草方面から銀座を経て、新橋まで線路を延ばしてきた東京地下鉄道が相互の乗り入れを巡り、衝突したのでした。なおこの路線が今の東京メトロ銀座線です。

時は1939年。東京高速鉄道の経営の実権を握っていた東急電鉄の五島慶太総帥は、相手方の東京地下鉄道に対し、株式の敵対的買収（TOB）を仕掛け、大騒動となりました。そこで当時の内務省が仲裁に入り、東京地下鉄側は経営者である早川徳次が相談役に退くことで和解に至ります。

つまり、五島率いる東京高速鉄道側が実質的な勝利を収めたわけです。敵対的買収という荒っぽい手法を経て、五島は「強盗慶太」の異名をとったと言われます。

後にこの二つの地下鉄会社は1941年7月、特殊法人帝都高速度交通営団として統合されます。

営団となり、新路線として開発されたのが丸の内線です。

当初は新宿線という名目で四谷見附と赤坂見附間で開通すべく、東京高速鉄道が工事に着手したのですが、戦争の影響で１９４４年に工事は中止となり、開通は１９５９年３月まで待つこととなりました。

当時、営団以外にも多くの私鉄会社が、東京の山手線の内側での地下鉄乗り入れを表明していました。しかし各私鉄が各々地下鉄を走らせたのでは効率的な交通網を構築できず、また営団だけでは事業の進展に制約が生じると国は考え、あらたに東京都交通局の参入を認めます。

この判断により、帝都高速度交通営団と東京都交通局の２種の電車が、東京の地下を走ることとなったのです。

■東京の地下鉄が使いにくい理由

営団は２００４年４月には民営化されて東京地下鉄に改組。その路線を「東京メトロ」としました。こうして現在の東京メトロと都営地下鉄の組み合わせになったのです。

民営化されたとはいえ、東京メトロの株式は国と東京都で握られています。

都としては、東京メトロを都営地下鉄と統合させる目論見があるといいますが、東京メトロは統合に難色を示しているといい、二つの地下鉄は相変わらず「別経営」のままです。利

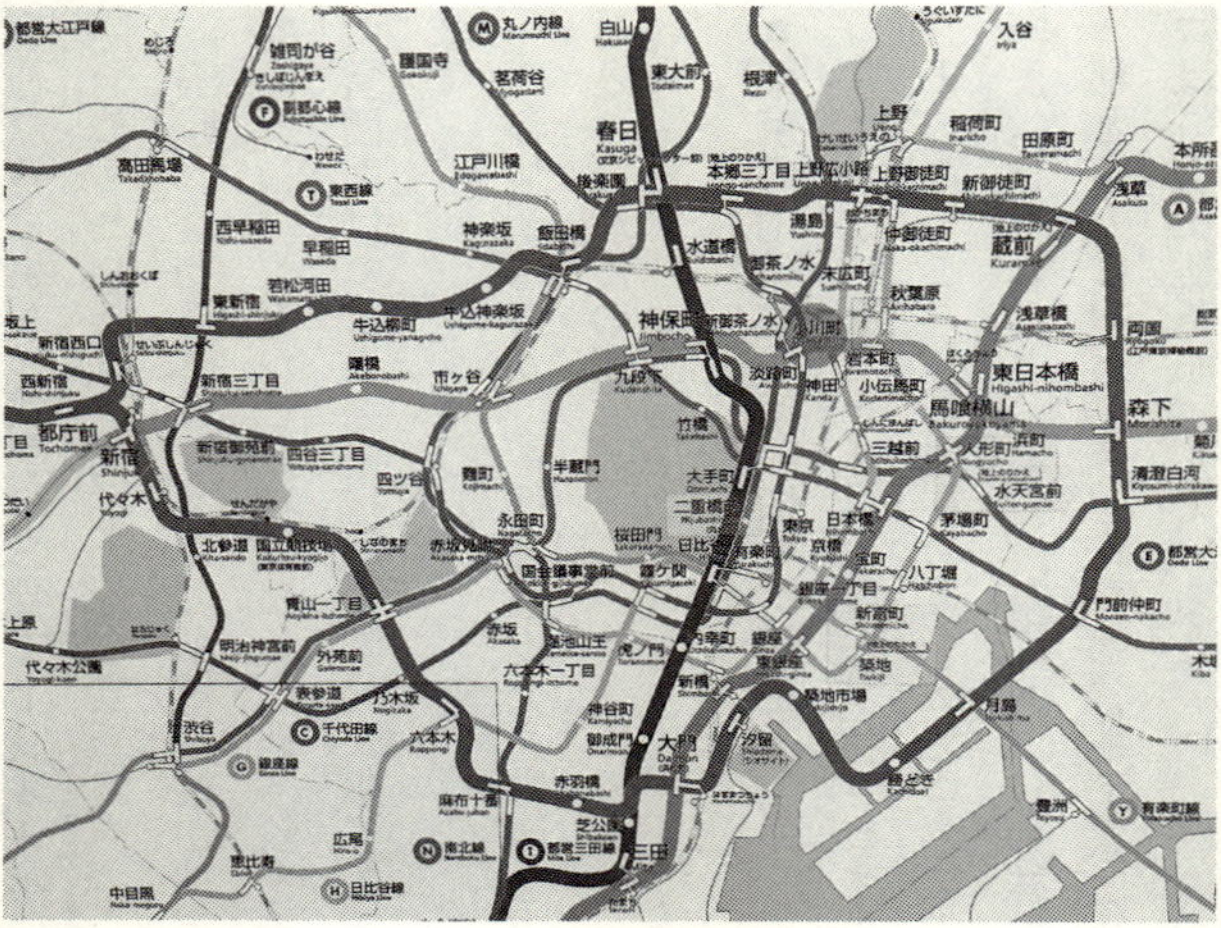

東京の地下鉄路線図。2018年11月、編集部撮影

用者からすると、この2系統の地下鉄の存在が、さらに東京の地下鉄のイメージを複雑にしていると言えます。

なお現在、東京の地下鉄は東京メトロが９路線１７９駅で路線延長距離は１９５・１kmに達します。一方、都営地下鉄が４路線１０６駅、路線延長距離１０９・０kmに及んでいて、両社合わせた路線延長距離は３０４km。

なお皇居外苑の一部分を除き、今も皇居の地下に地下鉄は通っていません。地下鉄も道路と同様、皇居を中心に、その周りを取り巻きながら走っていることがわかります。駅を建設できない、皇居の下を通るのは不敬、テロの恐れがある、などといろいろな理由が語られてはいますが、あくまで交通体系と移動時間という観点からすれば、皇居の下を通過させることは極めて合理的とは言えるでしょう。

そして一言で地下といっても、東京の地下鉄はかなりの深度でトンネルを建設しています。耐震性を高める、といったことも理由ですが、東京の地面の下には上下水道、ガス、電気といったあらゆる社会インフラが敷設されていることから、相当に掘らなければ地下鉄を通せない、という事情があるようです。

■図表４　都営地下鉄・東京メトロの駅の深さ

順位	路線・駅名	深さ（単位：m）
1	都営大江戸線「六本木」	42.3
2	千代田線＊「国会議事堂前」	37.9
3	南北線＊「後楽園」	37.5
4	都営大江戸線「新宿」	36.6
5	半蔵門線＊「永田町」	36.0
6	都営大江戸線「中井」	35.1
7	副都心線＊「東新宿」	35.0
8	都営大江戸線「東中野」	33.8
8	副都心線＊「雑司が谷」	33.8
8	副都心線＊「西早稲田」	33.8

注：＊は東京メトロ
出所：『日本鉄道旅行地図帳　５号　東京』（今尾恵介監修、新潮社）

図表４にまとめましたが、現在東京の地下鉄で最も深い駅は都営大江戸線「六本木」駅の内回りホーム。深さはなんと42・３ｍで、これはオフィスビルにすれば10階建て相当にも及ぶ深さとなります。

深度の深い駅の上位20駅のうち、都営

大江戸線が8駅、東京メトロ副都心線が5駅、南北線が3駅。開業年の新しい路線ほど地下深くに駅を作らなければならないということでしょうが、この「深さ」もまた、東京の地下鉄を使いにくくしている理由の一つとも感じられます。

さらに東京の地下鉄での移動を複雑にさせているのが、JRや私鉄など他路線との相互乗り入れです。

東京メトロと都営地下鉄の計13路線のうち、建設年が古く、鉄道の線路で線路幅の広い「広軌」を採用している銀座線と丸の内線、建設費を節約すべく車両自体の幅を大幅に狭くし、トンネルも小規模なものにした都営大江戸線の3線を除く10路線で、他鉄道との相互乗り入れ運転を実施しています。

戦後の高度成長期から平成初期にかけ、都心のオフィス街への通勤を前提とするベッドタウンが郊外へ広がる中、JRや私鉄各線は地下鉄と相互乗り入れを行うことでアクセスを改善させました。

その結果、都心で地下鉄を待っているのに、遠く離れた埼玉や千葉の駅名が行き先として表示され、惑わされる状況が生まれています。つまり東京の地下鉄を使いこなすためには、それぞれの路線が乗り入れているJRや私鉄の駅名まで、ある程度頭に入れていることが必要とされているのです。

とはいえ、東京に住んでいる以上、交通の手段として地下鉄が欠かせないのもまた事実です。鉄道の成り立ちを知り、路線図を見ずに経験や勘で地下鉄を乗りこなせるようになれば、あなたはもはや一人前の東京人です。

■「山の手」と「下町」から成る東京の住宅地

東京には「ブランド住宅地」と呼ばれる地域がいくつか存在しています。たとえばそれぞれの街のポジションを大まかに示す際に「山の手」と「下町」という呼び方を用いたりしますが、「山の手」という言葉には、まさにブランド住宅地としての響きが同居しています。それでは、東京の「山の手」とはどのあたりを指すのでしょうか。

東京は、江戸時代に江戸城近辺から西の武蔵野台地に向かって切り開かれ、そこに多くの旗本や藩士が住みました。こちらが「山の手」です。一方、江戸城の東は低地で水害などに弱かったために武士ではなく、もっぱら位の低い町人が住むことになります。その低地で河川や運河に運ばれてくる物資が商いされるに従い街は栄え、次第に「下町」と呼ばれるようになりました。

明治時代になると江戸は東京府とその名称を変え、「山の手」にあった幕臣たちが住む武家屋敷の多くは接収。維新政府の関係者やそれを支援する財閥、文化人や資本家の手に渡りました。東京の一等地を我が物とした彼らはその地に邸宅を建設し、これが後のブランド住宅地としての「山の手」に繋がります。

東京府は1878年（明治11年）、麴町、神田、日本橋、京橋、芝、赤坂、麻布、四谷、牛込、小石川、本郷、浅草、下谷、本所、深川という15区を設けました。このうち「山の手」とされたのは四谷、牛込から麴町、赤坂、麻布近辺、さらに北に向かって小石川、本郷あたりまでだったようです。

この時期から、今に続くブランド住宅地としては四谷、牛込、番町、麴町、紀尾井町、赤坂、麻布、小石川、本郷といった街が該当します。これらはいわば、「老舗の山の手」とも呼べる街と言えるでしょう。

明治以降、急速に人口が増加するにつれ、住宅地は西および南に広がっていきます。特に1925年に発生した関東大震災で壊滅的な打撃を受けると、被災した人々を安全な高台に誘導するため、新たな住宅地が開発、発展していきました。

たとえば渋谷の松濤や富ヶ谷、世田谷の桜新町や深沢といったエリアがそれで、同じ時期に開発された品川の御殿山や、池田山といった住宅地は島津山、花房山、八ツ山とあわせて「城南五山」とも呼ばれました。

さらに鉄道会社も東京の郊外に電車を走らせ、その沿線に「高級住宅街」と呼ばれる街を開発していきました。東急線の田園調布や久が原、等々力、小田急線の成城学園などがその代表です。

なお、現在の東京23区で考えて「ブランド住宅地」と呼ぶに相応しい街とは、新宿区、千代田区、港区、文京区、世田谷区、品川区、大田区、渋谷区、北区に位置していると言えます。そしてそのほとんどが区内でも「高台」に立地していることが特徴です。

■「劣化する街」と「劣化しない街」の違いとは

東京で家選びをする際、私は古地図を見ることをおすすめしています。古地図はこれまでは該当する区役所や図書館などに足を運んで閲覧しなければなりませんでしたが、今はアプリやインターネット経由で簡単に見ることができるようになりました。

古地図からは江戸時代から今に至るまでの街の変遷がよくわかりますが、多くのブランド住宅地は、大名の屋敷が軒を連ねていた場所であることに気づかされます。

たとえば、港区六本木六丁目の六本木ヒルズ周辺。このエリアは今では日本を代表するオフィスタワーとホテル、賃貸レジデンスなどで賑わっていますが、江戸時代には毛利藩の毛利甲斐守の上屋敷がありました。現在、ヒルズ内にある毛利庭園が当時の面影を残しています。

当たり前の話ですが、江戸時代には、将軍を護る旗本や譜代大名の屋敷が江戸城の近辺に配置され、離れた高台に毛利や島津、前田、伊達といった外様大名が屋敷を構えました。

つまり、これまでにブランドを獲得した住宅地の歴史を辿ると、まず旗本、譜代大名の土地が維新政府に接収されて住宅地となったところから始まり、そこに周辺部の外様大名の屋敷跡が加わり、さらに人口増に伴って沿線開発を行う中で鉄道会社が作り上げていった、というおおむね三つの段階を踏んで築かれたということが分かります。

翻って都心居住が好まれる現代、湾岸エリアの開発が進み、タワーマンションが多数建設、分譲されるようになりました。そうしたエリアでも月島や豊洲、勝どきといった街を「ブランド住宅地」と呼ぶような動きも出てきました。

しかし、街にはやはりその街が持っている歴史というものがしっかりと刻印されています。高層建物を建てて、豪華な共用部や内装を設えても、建物自体は時代の変遷とともに劣化してしまう存在に過ぎません。街のブランドを決めるのは、建物ではなく、土地そのものが持つ価値だということを、歴史が教えてくれるのです。

豊洲地区に立ち並ぶタワーマンション。東京都江東区で。2018年1月22日撮影。読売新聞社提供

■学校は街の発展の尺度である

先述したとおり、私は東京の築地明石町に育ちました。

本来なら、地元にあった中央区の小学校に通うことになるはずでしたが、私が通ったのは千代田区にある麴町小学校。いわゆる越境入学です。

母方の祖父母が千代田区の一番町に住んでいたことから住民票を一番町に移し、麴町小学校に通うことになりました。麴町小学校はいまでもそうですが、番町小学校、永田町小学校（今は廃校）と並ぶ名門小学校。そこからは麴町中学校へ進学しました。

私が小学校に入学した昭和40年代の初め頃は、進学という意味では公立学校の全盛期。都心では、たとえば「番町小学校→麴町中学校→日比谷高校」といった進路が、東京大学に進学するための、いわゆる「エリートコース」の一つとして認識されていました。

もっとも麴町中学校は公立中学に過ぎず、地元に住んでいれば誰でも自動的に進学できる学校でした。確かに、当時の日比谷高校は東京大学に毎年100名を超える合格者を出していた名門校でしたが、そこに合格するためには、それなりに成績優秀でなければなりません。そうした意味で、この「エリートコース」は都市伝説と呼んでいいのかもしれません。

当時の都立の進学校には新宿区にある戸山高校、杉並区の西高校、立川市の立川高校などがありました。これらは日比谷高校と並び、戦前の旧制府立中学。いわゆるナンバースクールと呼ばれた学校です。

その後都立高校は、新しい入学者選抜方式として、69年に学校群制度を導入。このとき学区制に加えて学校群制度を採用したことで、ほとんどの都立高校で学区外の学校の受験が認められなくなり、日比谷高校の進学成績は凋落しましたが、都内のそれぞれのエリアとそのエリアの中心となる進学校の位置づけを明確にすることに繋がりました。

なお麴町中学校に進学した私でしたが、結局「エリートコース」からやや外れ、日比谷高校を受験することなく、杉並区の進学校である西高校へと進学しました。

というのも、私が高校に進学した昭和50年頃は、都心に通うサラリーマンのベッドタウンが、成熟した街並みを形成し始めた頃に該当します。

たとえば杉並区、中野区、練馬区はまさにその時期に成熟した区の典型であり、そこで教育熱心な親に育てられた子供たちは、学区内の進学校に進むようになりました。その流れもあり、私も日比谷高校を受験せずに父親が仕事の関係で構えていた家の近くにあった西高校へと進学することにしたのです。

その流れはさらに、ＪＲ中央線の線路に沿って西に進み、国立市にある国立高校や立川高校、八王子市にある八王子東高校といった都立高校に及んでいきます。

人口が郊外へと拡散する中、下町の名門校であった上野高校や白鷗高校、両国高校、墨田川高校などの進学校は台頭し始めた私立高校に優秀な生徒を奪われ、進学成績を落としていきました。

■進学校は人の流れに沿って生まれる

現在、都立高校の絵図はどのようになっているでしょうか。

都立高校の入学者選抜方式はその後、幾度かにわたって改変され、現在では都内どこからでも「単独志願」で学校を選べるようになりました。また各学校に特色を持たせるために進学指導重点校、進学指導特別推進校などの指定や小石川中等教育学校（旧都立小石川高校）のような中高一貫校の指定が行われています。

学校の良し悪しを東京大学進学者数だけで判断するのが良いとは思いませんが、あくまで参考数値という意味で、17年度の各都立高校の合格者数を見てみます。

一時、東京大学合格者数が一桁台に落ち込んでいた日比谷高校の48名を筆頭に国立高校26名、西高校19名が続きます。注目すべきは、進学成績を落としていた下町の名門校、白鷗高校が12名、都市部の学校で、こちらも一時期進学成績が低下していた青山高校が7名、小石川中等教育学校も12名の合格者を出していたこと。一方、郊外人口の増加の流れに乗って進学成績を伸ばしていた立川高校は3名、八王子東高校に至っては進学指導重点校であるのにもかかわらず合格者が0名になっていました。

この現象は入学者選抜制度の改変や各学校の進学指導などの努力の賜物である一方、人口の都心回帰の動きと連動しているように考えられます。

私立高校でもこの流れは顕著です。

たとえば、渋谷区にある渋谷教育学園渋谷高校。同系列の幕張高校は48名の合格者を出していますが、近年進学成績を急伸させた渋谷高校も25名となっています。かつて東京大学への合格者を輩出していなかった、豊島区の本郷高校も17名。38名の合格者を出した早稲田高校、48名の合格者を出した海城高校はいずれも新宿区、13名の合格者を出した攻玉社高校は品川区にあります。

公立でも私立でも、今は都心部にある学校ほど、良い生徒が集まる傾向にあると思われます。それはやはり、人が都心部に集まっているからです。

こうした「人の流れ」によって、学校の進学成績が変わることは不動産の現場にいるとよく遭遇することの一つです。たとえば私がデベロッパーに勤務していた頃、とある港町に大規模な高級マンションが建ったことがありました。

もとは多くの住民が漁業を主な生業《なりわい》にしていた、やや荒っぽい気風の場所でしたが、そこに大量の「新参者」が流入してきました。つまり港町特有のわんぱく坊主がほとんどの学校に、都会などから育ちの良いお坊ちゃん、お嬢ちゃんが大勢入ってきたわけです。

初めの頃こそ、わんぱく坊主が腕力で押していても、多勢に無勢。多数を占める新勢力によって、クラスの成績もどんどん上昇。やがてはそのエリアで一番手の進学校になってしまいました。

このように進学校の盛衰と街の盛衰は強くリンクしています。最近ではマンションを選ぶ際、子供が通うことになる学校の良し悪しを調査する親がほとんどと聞きます。街選びはすでに、学校選びの時代となっているのです。

■観光客ではない外国人の増加

今東京を歩くと外国人の姿が目立つようになりました。顕著に増えたのは、2013年くらいからでしょうか。

日本政府のインバウンド政策もあり、観光客が増えたという印象が強そうですが、在留者も如実に増えています。東京都の発表によれば、18年4月現在の住民基本台帳ベースでの外国人在留者は52万1500人。30年ほど前の1988年の在留者数が17万1276人だったことを考えると、その数は3倍まで膨れ上がったことになります。

そもそも東京都は、日本各地で少子高齢化が叫ばれる現在も人口が増え続けています。

2018年4月現在、居住者の数は1378万4212人。これは前年同月比で0・7%の増加。増加数は9万7841人です。

■図表５　東京都外国人定住者数の推移

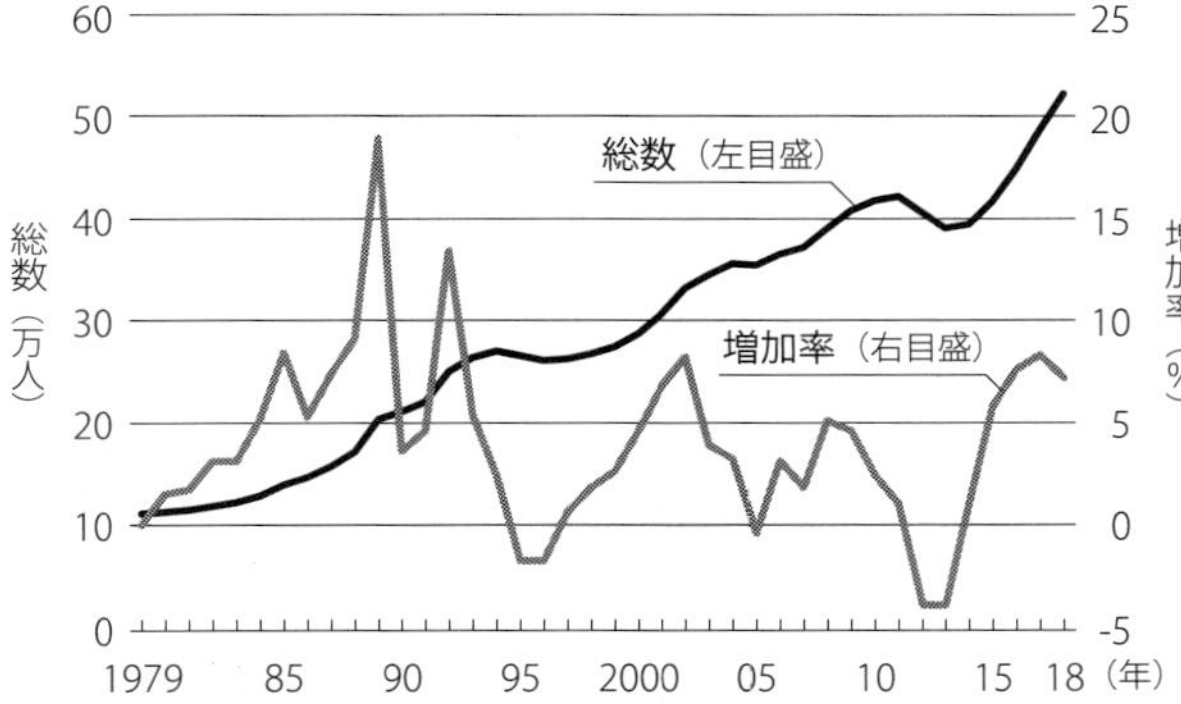

出所：東京都総務局統計部ホームページ「外国人人口」より

実はこのうち、外国人在留者の増加分が３万５１５４人にまで及んでいます。つまり、増加人数の約36％相当が外国人在留者だったのです。

外国人在留者の国籍も最近では様変わりしました。30年前では５割近くを占めていた韓国・朝鮮系の人たちの割合が減少して今では18％程度となり、代わって中国人が５割を占めるようになりました。近年増加が著しいのがフィリピン人、ベトナム人、インド人などです。

彼らはどこに住んでいるのでしょうか。韓国人は、ひと頃「コリアンタウン」と言われた新宿区の新大久保近辺に多数住んでいましたが、現在の新大久保は韓国系に加え、イスラム系の住民が増えています。新大久保の駅前に行けば、イスラム系住民のためのハラル食材を販売する店が増え、

高田馬場を歩けば、いたるところに「ミャンマー」の文字が。2018年11月15日、編集部撮影

「イスラム横丁」と言われるようになりました。

ミャンマー人は高田馬場近辺に、フィリピン人たちは足立区の竹ノ塚に集結しています。またインド人は江戸川区の葛西周辺に多く住んでいて、街の中のあちらこちらにインド料理店があります。

このように外国人たちは同朋で集まり一つの街を作る傾向があります。東京都も外国人を受け入れるため、「多文化共生推進」を旗印にいろいろな支援策を検討しています。

具体的には外国人の活躍できる場の提供として、子供の育成と能力発揮のための支援、留学生の活動推進、企業誘致のための受け入れ態勢の整備、外国人の地域社会への参加などの支援をいいます。

また、彼らが快適に生活できるよう生活情報の提供や社会活動への参加のためのプログラム作りを検討しています。さらには互いの文化に対する理解を促進するための交流の場の提供、日本人側の外国語能力の取得や外国文化理解のための支援など、幅広い活動を展開。在留外国人の受け入れには積極的な姿勢を示しています。

東京都は「2025年には人口が減少する」との予測も出しています。しかしこのまま外国人在留者が増えていけば、人口減少を迎えるタイミングはもう少し先延ばしできるのかもしれません。

■オリンピックより先の「東京」を形作るもの

さてこうした歩みを経て、2020年、東京はいよいよ五輪を開催することになります。

東京で前回五輪が開催された1964年は、戦争から復興を遂げ、新たに世界に日本の存在を認めてもらうべく、必死にアピールしていた時代に当たります。実際、アピールに成功した日本は先進諸国の仲間入りのきっかけをつかむことになり、五輪はさらに高度経済成長を推進する一因になったように思います。

つまりそれは、まさに国を挙げて挑戦し、成功の果実を勝ち取った時代でした。成長著しく、日本全体が若さであふれていたようにも感じます。その象徴が東京だったのです。

では今の日本はどうでしょうか。

バブルが崩壊し、経済は長期のデフレに苦しみました。人々の年収は上がらず、GDP世界2位の座を中国に明け渡したばかりか、今ではその中国に2倍以上の差をつけられています。一人当たりGDPに至っては2017年度で世界25位。順位はその前年より二つ下げました。

前回の五輪から50年以上が経過したことで、高齢化が進み、すっかり年老いた国となったのかもしれません。それでも東京は変わらず、今日まで日本の中心であり続けてきました。

そもそも東京は世界の歴史上でも稀有な発展を遂げてきた都市です。

江戸の人口は18世紀の初頭にはすでに100万人を超えていたと言われます。19世紀初めに人口調査が行われたロンドンが86万人、パリが54万人だったことを考えると、江戸が世界的に見ても大変に繁栄していた都市だったことが見て取れます。

そして明治以降では、関東大震災や太平洋戦争における空襲による二度にわたる「大破壊」を経て焼け野原となるも、今や、日本中から多くの人たちを集めるようになりました。さらには世界からも多くの外国人が在留し、また1000万人を超える外国からの観光客を迎える都市へと再び飛躍を遂げたのです。そんな東京は今後も人々にとって、魅力的な都市であり続けるのでしょうか？

所詮、２０２０年の東京五輪は一つの「イベント」に過ぎません。そして今の東京には前回の五輪開催時のような緊張や熱狂もないのかもしれません。しかしきっと、この２０２０年という節目の年を超え、さらに新しい姿を東京は見せるようになると考えています。

そもそも東京の水や空気はかつてに比べて、ずいぶんきれいになっています。前回の五輪前に道沿いに慌てて植えた木々も今では大きく生長しました。食べ物は世界に誇れるほど、多彩で美味なものを手軽に味わえるようになりました。私たちは確かに歳をとったものの、実感していないだけで、信じられないほど豊かな日々をすでに手に入れているのではないでしょうか。

今回の五輪を経て、東京は世界に向け、どんな顔を披露するのでしょうか。そしてそれから先、新しい時代を迎える東京で、私たちは、どんな街に住みどんな生活を送っていくことになるのでしょうか。

次章以降では２０２０年、つまりオリンピック開催以降の東京の姿へ、想像の翼を広げてみることにしましょう。

第２章

2020年以後

「働く」「暮らす」東京の再発見

■激変した「住みたい街ランキング」

毎年２月にリクルート社が発表する「住みたい街ランキング（関東版）」。これは「住宅購入を検討している人たちが、どんな街に住みたいと考えているか」を調査したものです。イメージ先行の人気投票の要素があるため、選ばれる街の名が購入の実態とやや離れている、といった指摘もありますが、あくまで世の中の傾向を知るにはとても良い調査と言っていいと思います。

調査は、年に1回、インターネットにより「住みたい街」を三つ選んでもらい、1位3点、2位2点、3位に1点を付したものを集計して発表しています。

調査年により異なりますが、おおむね1万人程度を対象に調査を行い、有効回答数が約4000名程度であること、最近の調査では調査対象年齢も20歳から49歳までと限定しているため、シニア層の意見があまり反映されていないなどいくつかのバイアスがかかっていることが前提となります。また回答は具体的な街名ではなく、駅名であることにも注意が必要です。

そうした注意点を踏まえて2018年の調査結果を見てみましょう。

■図表6　「住みたい街ランキング」の推移

順位	2018年	2010年
1	横浜	吉祥寺
2	恵比寿	横浜
3	吉祥寺	自由が丘
4	品川	鎌倉
5	池袋	二子玉川
6	武蔵小杉	新宿
7	新宿	恵比寿
8	目黒	池袋
9	大宮	下北沢（37）
10	浦和（28）	大宮
11	渋谷	代官山（68）
12	中目黒	中野
13	自由が丘	川崎
14	鎌倉	中目黒
15	中野	目黒
16	東京（＊）	武蔵小杉
17	二子玉川	三鷹（38）
18	船橋（＊）	品川
19	赤羽（＊）	渋谷
20	川崎	たまプラーザ（40）

注1：2018年欄（　）は2010年の順位　＊は21位以下
注2：2010年欄（　）は2018年の順位
出所：リクルート

すると「横浜」が「恵比寿」（2位）や「吉祥寺」（3位）を押さえ、首位になっていました。「横浜」が首位になったのは、調査が始まってから初めてとのことだそうです。

なおこの結果だけで言えば、やや違和感があります。というのも、住みたい街に「横浜」

を挙げた人は、おそらく横浜駅周辺ではなく、タワーマンションが林立する「みなとみらい」近辺、またはポートサイド地区周辺をイメージして投票しているのかもしれません。場合によっては山下公園あたりの雰囲気をイメージして投票しているかもしれないからです。

本来、みなとみらいならみなとみらい線の「みなとみらい」駅が、ポートサイド地区なら京浜東北線の「東神奈川」駅が、そして山下公園なら「関内」駅が最寄り駅になります。

こうした調査では回答する側にそこまでの鉄道網の知識は求められてはいないでしょうから、ややピンボケな結果になるのは仕方ないのかもしれませんが、それにしてもあまりにざっくりとした結果になってしまっているように感じます。

■なぜ「自由が丘」「下北沢」「たまプラーザ」が順位を落としたのか

回答内容はともかく、この調査結果を８年前の２０１０年と比較することで、人々の持つ「街」に対するイメージの変化を追ってみます。すると、ここ数年で人々の住宅立地に対するイメージが大きく変化していることに気づかされます。

まずベスト10を比較してみましょう。

「吉祥寺」や「横浜」の強さは変わらないのですが、「自由が丘」や「鎌倉」「二子玉川」などがその順位を落としています。またベスト10のうち、なんと9駅がＪＲの駅になっています。東横線としてランクインしている「武蔵小杉」も、実際にはＪＲ横須賀線の新駅ができて人気に拍車がかかった街ですので、これもＪＲにカウントすれば「ＪＲの独壇場」とも言えそうです。

「住みたい街ランキング」で順位を落とした下北沢。2018年11月15日、編集部撮影

　これをベスト20にまで広げてみると、さらに興味深いことに気づかされます。

　２０１０年には9位にランクインしていた「下北沢（37位）」、11位の「代官山（68位）」、20位の「たまプラーザ（40位）」といったかつて一世を風靡した「お洒落な街」が軒並み圏外に去っているのです。

　とりわけ東急線はドラマ「金曜日の妻たちへ」などの大ヒットがあり、「憧れの住宅地」と呼ばれた田園都市線、「田園調布（１２０位）」をはじめとし、富裕層が多く住む住宅地の路線として認知されてきた東横線、どちらの路線でも多くの駅が軒並み順位を下げています。

一方、元気なＪＲの駅の特徴は、選ばれた駅がいずれも「ターミナル駅」であることではないでしょうか。

ベスト10に入っている駅のうち、「浦和」を除く９駅が他路線との乗り換えが可能なターミナル駅です。都心居住の傾向がますます強まる中、「恵比寿」や「品川」「池袋」「新宿」「目黒」といった都心ターミナル駅のみならず、「横浜」や「武蔵小杉」「大宮」「浦和」といった各エリアを代表する街の周辺を人々が選び、集まっていることが明確に示されています。

特にＪＲが湘南新宿ライン、上野東京ラインといった首都圏の南と北を縦貫する乗り入れ路線を開通させたことは、人々の「住みたい街」の意識に大きな影響を与えたものと考えられます。人々はかつてのように自然環境が豊かな郊外や、お洒落なブティックがある街というよりも「交通利便性」に対して圧倒的な支持を与えるようになってきたのです。

■「働き方」がランキングを変えた

ＪＲでも、人気が低迷している路線もあります。たとえばＪＲ中央・総武線です。

「吉祥寺」や「立川」、大学の誘致で活性化した「中野」などを除くと、急落した「高円寺

（21位→55位）」「千葉（27位→53位）」「三鷹（17位→38位）」のみならず、「荻窪（24位）」「阿佐ヶ谷（81位）」「国分寺（91位）」「国立（117位）」など、沿線の駅の人気が軒並み低下傾向にあります。

中央・総武線は東京の東西を貫く重要な幹線ですが、逆に東西を走るだけで沿線に南北を結ぶ路線がないため、ターミナル駅が形成されにくい構造にあります。

つまり住宅が郊外へ拡張を続けている間は、中央・総武線沿線住民が加速度的に増加していました。それが都心居住の進行とともに、その「一本槍」の路線が人気を失った、というのが各駅の人気急落に直結したと考えられます。これは東京の西へ西へと延びていった京王線沿線でも見られる現象です。

そもそもこうしたランキングとは無縁とも思われる路線もあります。京浜急行線、京成線、東武線、西武線などがそれですが、かつて多くのサラリーマンが住宅を求めた路線のはずなのに、なぜか上位にランクインする駅がほとんど見当たりません。

駅が地下にあり駅前地区が形成されにくい地下鉄は、本来駅が評価されない構造にあります。それもあってか、都営地下鉄沿線の駅は今回発表の166の駅に1駅もランクインしていません。

■図表７　専業主婦世帯・共働き世帯推移

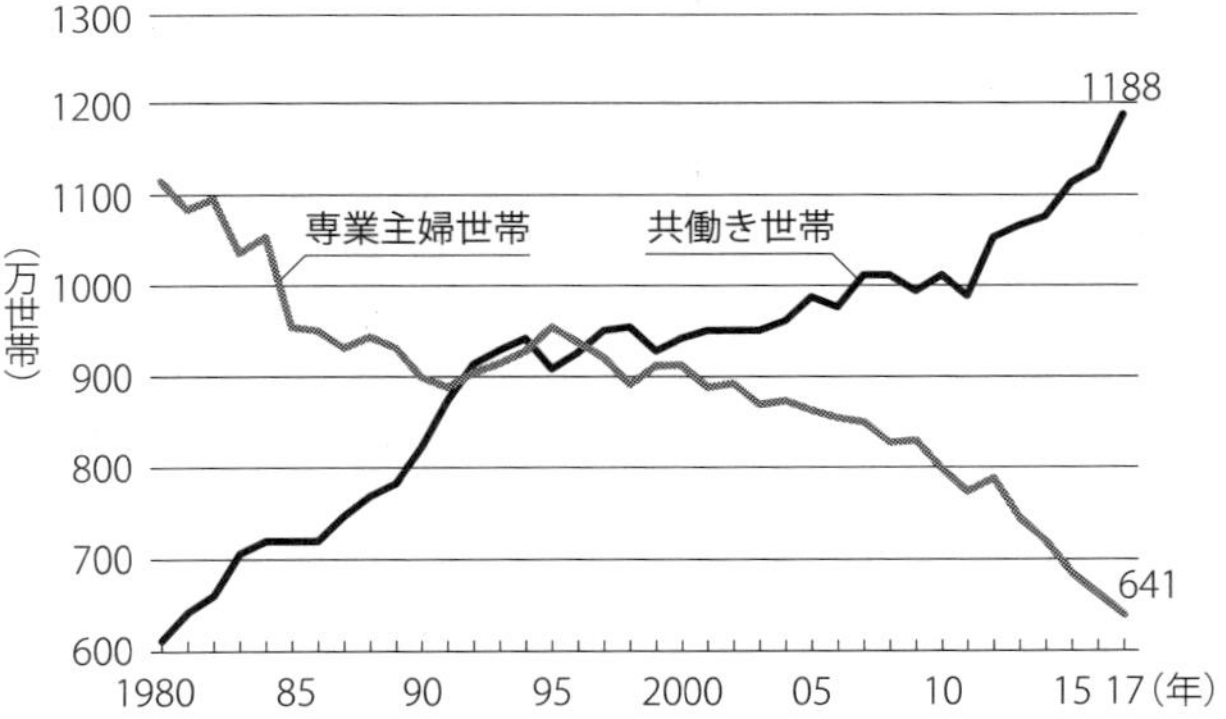

注１：「専業主婦世帯」は、夫が非農林業雇用者で妻が非就業者（非労働力人口及び完全失業者）の世帯
注２：「共働き世帯」は、夫婦ともに非農林業雇用者の世帯
注３：2011年は岩手県、宮城県及び福島県を除く全国の結果
出所：厚生労働省「厚生労働白書」、内閣府「男女共同参画白書」、総務省「労働力調査特別調査」、総務省「労働力調査（詳細集計）」

この調査だけをもってして「住みたい街」を断定することはできません。しかし最近の働き世代が、会社に通勤することをかなり重視して住まい選びを考えていることは窺えます。

理由は明らかです。図表７を見れば一目瞭然、現代の働き世代において、夫婦共働きの割合が増えたからです。

彼らの親の世代は、専業主婦だった母親がまだ多かったはずです。母親は専業主婦として都心に通勤する夫を支え、子供のお稽古事や塾の送り迎えとお買い物、スポーツクラブ通いといった毎日を送りました。そして、できることなら、自然環境の豊かな土地で子供をのびのびと育てたいという願望もありました。

そうなれば、JRの騒々しいターミナル駅に住もうなどという選択肢は出てきません。環境の良い郊外の住宅地、ちょっとお金のある人なら駅前にお洒落なブティックなどのある街が選ばれたのです。

ところが夫婦共働きとなれば、子供は保育園や幼稚園などに預け、夫婦そろって会社に向かわなければなりません。もちろん夫婦の会社が同じ場所とは限らないので、必然的に利便性が高いターミナル駅が選ばれる、ということになります。

夫婦のうち、いずれか一人だけが稼ぐ状況なら、都心のマンションなど高くてとても手が届かない存在だったかもしれません。しかし、夫婦二気筒エンジンならどうでしょうか。

互いに年収が700万円を超える夫婦を「パワーカップル」と呼ぶそうですが、世帯年収でいえば1400万円にもなります。6000万円、7000万円代が当たり前とされる高価な都心のタワーマンションだろうと、低金利の昨今、住宅ローンを駆使して手に入れることは十分に可能です。

家に対して「暮らす」という環境を重視するより「働く」、つまり通勤のための交通利便性を重視する考え方にシフトチェンジしたことは、今も湾岸部のタワーマンションの人気が高いことに象徴されています。

東京育ちの私から見れば、正直あまり評価ができない湾岸部暮らしですが、丸の内や銀座、新橋といった都心へ直線距離としては近く、マンションの上層部に住めば、素晴らしい夜景を眺めることができる。これから東京で一旗揚げよう、もしくは活躍をしてそれなりに名を成したい、などと考える人にとって、一定の価値があることも頷けます。

■「楽しみ方」がランキングを変えた

都心に居住することで、休日の過ごし方にも変化が現れています。

都内の百貨店の売上は回復し、一時は閑古鳥が啼いていた映画館にも人が戻り始めました。週末には顧客が来ないので閉じていたレストランや商店が店を開けるようになりました。つまり、人々は家に対して「働く」という効用を求めるようになったのに加え、その周辺での生活や文化まできちんと「楽しむ」、という気運が出てきたと言って良いかもしれません。

考えてみれば、今までの東京のほうが少し異常だったようにも思われます。

これまで住宅の価格が高過ぎて都心部では確保できなかった、世帯年収が一人の収入に頼っているため資金力がなかった、もしくは都心部に住宅に拠出できるようなまとまった土地が現れなかった、といったことが背景にありました。

それにしても、東京都心にある会社まで、神奈川、千葉、埼玉のはずれから電車で1時間以上かけて通勤する、というのは世界的に見てもかなり特殊な就業環境だったと思われます。

郊外に家を買い、毎日気が遠くなるほどの時間をかけて通勤する。会社では激務に耐え、週末は家でひたすらごろ寝。せいぜい車で近所のスーパーに買い物に行くか、ファミレスにて家族で食事。唯一の趣味で、接待のツールでもあったゴルフの練習のために打ちっぱなしに出かける——。

昭和において東京近辺で働いていた家族の典型的な暮らしとは、こんなところでしょうか。

そして90年代の後半以降、東京の住宅環境は大いに変化します。その最大の要因は、産業構造が変化したことにあります。

海外への移設や物流フローの整備などを通じて湾岸部にあった工場や倉庫などが撤退した一方、デベロッパーやゼネコンが空いた土地を住宅地として売り出し、住宅の供給力を高めました。マンションの価格は相変わらず高くとも、夫婦共働きと男女雇用機会均等法の施行などで世帯年収が上がり、住宅の購買力も上昇しました。

「働き方改革」が叫ばれる昨今、昔のように、夫が家庭をないがしろにしてがむしゃらに働く、といったケースはめっきり聞かなくなり、休日にはちゃんと休めるように政府も誘導しています。それで出来た時間的余裕を使いどこかへ遊びに行くにも、都心からなら便利。東京は交通網が発達しているので、車も無理には必要ない。そうなれば、都心居住を選ばない理由はありません。

昭和から平成初期にかけては当たり前だった生活が大きく変わり、毎日の「楽しみ方」が変わり、それに伴って住みたい街の選び方がまた変わったのです。

■この先の東京で起こること①「相続ラッシュ」

ではこうした傾向は、この先どうなるのでしょうか。これに答えるには、これからの東京の「不動産」をめぐる環境がどのように変化するのかを踏まえておく必要があります。

人が集まる街ほど不動産の価格は上がる。これは不動産を業としている人なら、誰しもが実感することです。東京都の発表によれば、東京都の人口はおおむね２０２５年頃がピークで、その後は減少を始めるとされています。都区部に限っても２０３０年頃から人口は減少するとしています。

つまり、エリアにもよりますが、これまで人を集めるのが当たり前だった東京の「集客力」もおおよそ10年後に限界を迎える、というのが一般的な認識です。

その原因の一つが住民の高齢化です。

東京都の高齢者人口推計によれば、２０１７年９月15日現在の都区部における65歳以上の高齢者人口は２０１万１０００人と、初めて２００万人の大台を超えました。

この数はこの本の刊行から30年前となる１９８８年の約３倍にまで及びます。

高齢化率は22・５％。しかもこのうち、後期高齢者とされる75歳以上の人口は１０１万人。なんと高齢者の半数以上が後期高齢者なのです。さらに対前年比で見れば、後期高齢者の数は３万１０００人増。逆に、65歳以上74歳以下の層、いわゆる前期高齢者の数は１万２０００人減少しています。

これらの数字は何を物語っているのでしょうか？　そうです、２０１８年４月現在、75歳以上を迎えた世代の方は東京都区部に家が持てたのです。その下の世代となるいわゆる「団塊世代」となって、都区部に家を持つことが難しくなり、家を求めて郊外へと拡散していった。そうした流れがこの人口動態からはっきりと見てとれます。

さらに時間軸を20年先まで進めてみます。

都区部において大量の相続が発生することが容易に予測できます。相続人の側はどうなっているかと言えば、多くはすでに家を所有している世代に差し掛かっています。なかには親の家を引き継いで住む人もいるでしょうが、賃貸や売却に出す人もかなり多いはずです。

東京ですら人を集めるのが難しくなるこれから先に、賃貸や売却される不動産の数が増えれば、その価格がどうなるかは言うまでもないでしょう。

■この先の東京で起こること②「農地の放出」

もう一つ起こりうる環境変化が、都区内に点在している農地の放出です。ビルや住宅地のイメージが強い23区ですが、実は世田谷区や練馬区などを歩けば、そこかしこで今も都市農地を見かけることができます。

これらの農地の多くは生産緑地制度に登録されています。これは登録をしておけば、土地に係わる固定資産税が宅地並みの課税とはならず、農地として低い税率で取り扱われるという制度です。

全国で約1万3０００haの土地が登録されていますが、１９９２年に法律改正が行われており、東京や大阪などの大都市にある農地については農業を30年間継続することを条件に課

地元の小学生たちと練馬ダイコンの種まきをする小池百合子都知事。東京都練馬区で。2017年10月31日撮影。読売新聞社提供

税を軽減する措置が施されています。

今現在、東京都内でも約３３００haが生産緑地となっています。多摩などの郊外部ばかりではありません。都区部でも練馬区は１８９ha、世田谷区でも95haの土地が生産緑地となっています。

問題はここからです。この営農30年の期限が最初に到来するのが２０２２年とされ、実際、登録されている生産緑地のおよそ8割がそこで期限切れを迎えるとされています。これを危惧した国は生産緑地制度の期限延長や条件の緩和などを打ち出し、期限切れによる大量放出を緩和しようとしています。

しかし生産緑地所有者世帯の多くで高齢化が進んでいることもあり、息子や娘への事業承継が行われてそのまま農業を続けていく、という世帯はそう多くないと推測されます。これから先、期限切れの生産緑地を借り上げ、農業を営む法人や個人がどれだけ出現するか、と

いうことについてもかなり怪しいと言わざるを得ません。

つまり、期限満了と同時に、売却や賃貸アパートなどの形に変わり、これらの農地がマーケットに供給される可能性は意外と高いと思われます。そしてそこで生じる供給圧力に押され、郊外の住宅地を中心に東京の地価が大幅に下落する可能性も否定できないのです。

このようにマーケットを分析するかぎり、これから先の東京の住宅地では土地の「供給圧力」がかなり強い状態が続くことが予測されます。したがって「２０１９年の今、都内で家を買うべきかどうか」と問いかけられれば「個別の事情がある人を除き、あわてて住宅を買う必要はない」ということになるのです。

利便性の高い都心の街で良質な賃貸住宅に住む。もしくは現在の相場より、ずっと安い価格で家を買うことができる。一昔前では考えられないような「信じがたい現実」が、実は私たちの目前までやってきているのです。

■あくまで下落するのは「実需に基づいた不動産」

今後都内で確実に起こってくるのが、不動産価格の下落です。このように言うと、必ず受けるのが「東京は絶対に大丈夫だ。現に銀座の地価は平成のバブル期よりも上がっている」

といった指摘です。

そのとおりです。ただし東京の不動産について考える場合、常に「投資用の不動産」と「実需に基づいた不動産」との違いを理解しておかなければなりません。そして先ほど指摘された銀座の地価とは、あくまで「投資用の不動産」だということです。

おそらく2020年以降、特に五輪前後に東京に起こりうる景気後退、さらには世界経済の動向次第で投資用不動産価格でも下落局面が来ると考えています。ただし投資用マネーには必ず循環があります。

たとえばニューヨークやロンドン、香港やシンガポール、台北などの世界不動産マーケットの中で投資利回りを比較して、「東京が割安」と感じられれば、投資マネーは当たり前のように東京マーケットへ姿を現します。東京の投資用不動産マーケットは世界の金融不動産マーケットの中に深く組み込まれています。ですので、これはこの本で見出そうとしている「これから先、本当に住むべき街」というものとは、全く別の世界の話題となります。

つまり、あくまで私たちが住んだり、生活をしたりするという「実需に基づいた不動産」という意味では、東京の不動産価格はこれからかなり下落していく、というのが私の見立てです。

すでに述べたように、これから先の東京では相続ラッシュが避けられないうえ、生産緑地の一部が賃貸や売却といった形でマーケットに拠出され、結果として供給圧力が強くなります。それでいて東京の人口増加ペースは鈍り、いずれ減少に転じます。人が集まらなくなるということは、それだけ住宅に対する需要も減退し、価格においては下落バイアスがかかる、ということです。

もちろん住宅の価格は人口の増減だけで決まるものではありません。

実際これまでの日本では人口の増加ペースが鈍っても、世帯数が増え続けてきました。ライフスタイルが変化し、核家族や単身世帯が増えたことがその原因です。結果、日本の世帯数は５３４０万世帯（２０１５年国勢調査）まで増え、それが住宅の価値を押し上げてきました。

しかしその世帯数すら国立社会保障・人口問題研究所の推定では２０２３年の５４１９万世帯を境に減少へ向かうとされています。

これからの日本においては若者人口が減り、高齢者の単身世帯が引き続き増加します。ただ、後者の世帯はすでに住宅を所有しているケースがほとんどで、新たに住宅を買ったり借りたりする層ではありません。そういった意味で、若者人口が減少してしまえば、やはり住宅に対する実需が減らざるを得ないのです。

「供給が増えて、需要が減る」ということは、価格は下がる。これは経済学の基本中の基本と言えます。

■揺らぐ「駅から徒歩何分」「都心まで電車で何分」という価値基準

さらに言えばこれから先、都内の不動産は「借手市場」「買手市場」へと転換していきます。賃貸だろうと購入だろうと、都内の不動産はエリアによっては選び放題になるでしょう。自由度が高まるということは、都内における住まい選びの審美眼が上がることを意味します。今までは、とにかく「働く」を優先し、会社にアクセスしやすく交通利便性の高い住宅を選んできたのかもしれません。しかしもっと落ち着いて、あくまで「住む」「暮らす」ということをさまざまな角度から「考える」ようになるはずです。

23区内に居を構えられるのなら、おおむね都心の会社へ1時間以内で通勤できるはずです。そうなれば、これまでの神奈川や千葉、埼玉からの通勤を前提としたときのものと、異なる生活が可能となります。

たとえばこれまでの通勤では、なかなか難しかった会社までのバス通勤が現実のものになるかもしれません。

私がオフィスを構えている新橋から六本木に向かうにはＪＲや地下鉄より、都バスでのアクセスのほうが圧倒的に速いです。そしてこの路線は六本木ヒルズ近辺に居住する人たちが新橋や銀座まで出る際、とても便利な路線でもあります。こうした路線が、朝夕の通勤に使われるだけではなく、六本木に暮らす人が増えることによって、より生活に密着した普段の足として再発見されるかもしれません。

自転車通勤もより増えるでしょう。

朝夕の都心の景色を見ていれば、如実に自転車通勤者の数が増えていると感じます。自転車通勤を認める企業も増えましたし、都や行政区による駐輪場や自転車専用道の整備はもちろん、電動モーターの開発など、自転車を取り巻く環境の向上を背景に、ごく一般的な通勤スタイルとして定着し始めています。

加えて自転車シェアリングを行う企業や行政区が増加したことで通勤のみならず、最寄り駅や関係先までの「ちょい乗り」が気軽にできるようになりました。

さらに日進月歩で進化しているのが自動運転技術です。自動で車が街を行きかうようになれば、通勤の風景はまた大きく変わるかもしれません。

千代田区が運営するシェアサイクル「ちよくる」。区内で働く人のほか、観光や買い物で活用してもらうことも想定している。2018年11月14日、編集部撮影

いずれにせよこうした動きは、これまでの「鉄道頼り」だった都内の交通手段のあり方を変えてしまう可能性を秘めています。つまり、これまでにあった「駅から徒歩何分」という絶対的な価値基準が、住まい選びの条件としては後方へと追いやられ、自分たちが根を下ろす足元の街の環境や機能へ、あらためて目を向けることになりそうです。

　駅から少し離れれば、都内でも自然が豊かな住宅地は多くあります。東京とは思えないような静かな住宅地も見つかります。都心のタワーマンションを背伸びして選び、着飾った生活を送ろうとせずとも、都内にはすでに住みやすい街はちゃんとあるのです。

　そしてそれらの街が再発見されることで東京の住まい選びは、不動産デベロッパーが作った「マンションポエム」と揶揄《やゆ》される広告宣伝に惑わされるようなものでなく、じっくりと

腰を据えて住むべき「街」を選ぶ、より高いレベルのものに変わっていくはずです。

■「上り電車」中心から「下り電車」を売りにする戦略へ

都内の不動産がリーズナブルになり、都心居住が進展していくと、これまでの交通体系、特に鉄道にどのような影響を及ぼすのでしょうか。それについて少し考えてみたいと思います。

戦後高度成長期から平成までの首都圏の鉄道会社の戦略とは、地方の人々を沿線に集めてその住まいを提供していく、ということが基本方針でした。

しかしこの戦略は、どうやらこれからの東京では成り立たなくなる可能性が生じ始めています。都心から1時間以上かかるような鉄道沿線の駅は、今後住宅地としての機能がより縮小していく可能性が高いからです。

「東京都心まで1時間」という通勤の限界ラインを具体的に見てみれば、東京都西部は立川、府中あたりまで、神奈川県なら厚木、茅ケ崎、金沢文庫あたりまで、千葉県なら柏、津田沼あたりまで、埼玉県ならば所沢、志木、大宮あたりまでとされるのでしょう。

そうなれば鉄道各社は、少なくともその限界ラインから先の駅についてはこれまでのような住宅と駅前商業施設の開発をセットに展開してきた戦略を見直さなければならなくなります。

通勤客の絶対数が減少することと利用距離が縮まることは、いずれも鉄道会社の収益を直撃します。これまで首都圏の鉄道会社にとって、通勤客の定期券収入は収入の柱でした。その柱が細くなることは経営の根幹を揺るがします。鉄道会社は嫌がうえにもその戦略を変えざるをえない状況に追い込まれていくでしょう。

鉄道会社にとっては、とにかく延伸してきた路線でしたが、これから先は都心に向かってどんどん太く、短くなっていく。路線が長過ぎるなら切ってしまえば良い、という単純な結論になりそうですが、公共交通機関としての使命からそんな乱暴なことはできません。

そこでおそらくポイントとなるのは、これまでの東京都心への「上り電車」中心の戦略から「下り電車」を売りにする戦略への転換です。都心へ人を送り出していた機能に加えて、都心から人を招き入れる機能が必要になるのです。

たとえば、新宿から延びている京王線の終着駅は「高尾山口」です。今この駅には高尾山観光を目的とした外国人をはじめとする大勢の観光客が訪れ、駅も2015年にリニューアルされるなど、活気を帯びています。

同様に小田急線には「箱根湯本」と「片瀬江ノ島」が、京浜急行線には「三崎口」が、京成本線には成田山新勝寺がある「京成成田」が、西武池袋線には「西武秩父」が、東武線には「東武日光」がというように、国内外の観光客を呼び寄せる観光地があり、訪日外国人が「下り」電車を利用してこうした観光地を訪れるようになっています。もちろん国内観光客についても高齢化が進むに従って車移動を避け、「下り」電車を利用しているグループが目立つようになっています。

つまり各路線では、通勤客に代わり、観光客に対していかに魅力的な場所を提供できるかが問われ始めているのです。

そうなるとこれまで培ってきた鉄道会社のブランドイメージは当然変わってくることになるでしょう。通勤客にとっての快適さだけではなく、沿線の観光施設の整備や拠点都市の設置が大きな課題になってくるからです。

■東急線から見る「沿線ブランド」崩壊

これらの大きな変化によって、各鉄道会社はどんな影響を受けているでしょうか。特にその影響を強く受けていると思われるのが東急線です。

たとえば東急田園都市線。この路線は首都圏では比較的新しい路線で、1984年に全線が開通しています。渋谷を起点として多摩川沿いの二子玉川から神奈川県に入り、川崎、横浜の丘陵地を走りながら、沿線には勤労者のための住宅を開発していきました。

その結果「たまプラーザ」や「鷺沼」「あざみ野」「青葉台」といった庶民にとって憧れの新興住宅地が誕生。ドラマや映画の舞台にも使われて人気を博します。路線は長津田から中央林間にまで延び、小田急江ノ島線と接続しました。

しかし、この路線も最近はあまり良い評判を聞きません。

沿線人口が増加したために混雑率が激しく、また渋谷から先で東京メトロ半蔵門線、さらに錦糸町駅から東武線に乗り入れをするようになってからは、通勤時間帯での電車の遅延や車両故障などが相次ぐようになりました。

開発時期の関係もあって沿線住民が一斉に高齢化しているのに加え、この路線には魅力的な観光地がありません。つまり「下り」の魅力がないのです。都心居住の傾向が進めば、この沿線住民の子息も、より都心に住むことを選ぶでしょうから、この先沿線の活気をどれだけ保てるか危ぶまれています。

同じく東急電鉄の東横線。こちらはもともと渋谷と横浜を繋ぐ路線で、代官山や自由が丘など地価の高い住宅街を沿線に抱え、沿線イメージが高い路線でした。

ところがこの東横線も横浜から先、みなとみらい線を経て「元町・中華街」まで延伸。さらに渋谷からは東京メトロ副都心線に繋がり、池袋からは東武東上線、西武池袋線に接続するようになりました。

この結果、東横線の持っていた、どこか落ち着いたハイソなイメージが変わったと、おそらく普段から利用している人の多くが感じているところでしょう。特に休日を中心に、埼玉方面から、横浜の中華街まで多くの観光客が押し寄せるようになってから、車内の雰囲気が一変したようです。

また、それまで遅延が比較的少ないイメージのあった東横線でしたが、多くの路線との接続が始まった結果、事故や車両点検が頻発し、遅延も多発するようになりました。

鉄道各社としては、東京へと勤労者を運ぶだけでは生き残りが難しいと考えて東京のさらに先まで線路を繋げ、首都圏の広範囲から集客を図ってきました。そして実際に、東京へと向かう多くの鉄道が、東京メトロなどを経由して別の鉄道路線と接続。東京都心は神奈川、埼玉、千葉方面などの周辺自治体と「線」で結ばれました。

しかし延線していくうちに、すべてがまぜこぜになってしまい、どの路線のブランドも希薄化し、平均化されてしまいました。そのために路線ブランドとそのイメージを保つことが非常に難しくなってしまったのです。

先述した田園都市線では、東急電鉄が「二子玉川」駅上に「ライズ」というオフィス・商業・住宅からなる複合施設を開発し、楽天本社を誘致することに成功しました。オフィスや商業空間の充実した新たな街を作ることで、路線ブランドの活性化を図っています。

まとめれば、これまでに築き上げた「沿線ブランド」が失われるこれから、鉄道会社は沿線に新たな賑わいを作らなければならなくなります。そして東京に住む私たちも、崩壊しつつある「沿線ブランド」に左右されることなく、街選びをしなければならないということです。

■すでに東京の空き家数は日本一

都心居住が進んでいく中、家を買おうとする人の意見としてありがちなのが「東京23区ならどこを買っても大丈夫。地価は上昇傾向にあるし、資産価値は確保される」といったものです。

しかし現実を見れば、今後は23区内でも不動産の供給圧力が高まっていきます。そしてマーケットに拠出されても「貸せない」「売れない」不動産が出現するのも、これから先の東京を考える場合の重要な視点となります。

需要が限られる中で大量の不動産が「賃貸」や「売却」案件として出てくるわけですから、当然客が付かない案件も大量に発生することが予測されるのです。ではそうした不動産はどうなるのか。おそらくその多くが、そのまま空き家や空き地となって放置されることになります。

東京都内の空き家率（総住宅数に占める空き家の割合）は２０１３年度の総務省「住宅・土地統計調査」によれば11・１％に過ぎず、この値は全国平均の13・５％を下回っています。しかし、これはあくまで率の話。住宅の数で考えてみれば、人口が多い分、東京都のそれはものすごい数になります。実際、数に置き換えてみれば、東京都の空き家数は81万７０００戸。２位の大阪府が67万９０００戸ですから、全国でもダントツの１位ということになります。

都区部でも豊島区（15・８％）、大田区（14・８％）、中野区（13・７％）などは全国平均を上回る空き家率となっています。世田谷区は率で見れば10・４％ですが、実数では５万３０００戸と、大田区の６万２０００戸に次ぐ空き家だらけの地域なのです。そして今でさえこうした状況にあるうえ、今後、多くの相続と生産緑地の期限切れを迎えるのが紛《まご》う方なき、東京の実態です。

なお空き家が増えるとどんな問題が起こるのでしょうか。それはおおむね三つと言われています。

一つ目が「景観」の問題。破損した家や傾いた家、あるいはテレビなどでもよく取り上げられるゴミ屋敷など、道行く人から見てもあまり気持ちの良いものではありません。街の環境維持という観点からも空き家は困った存在なのです。

二つ目が「治安」の問題。空き家をちゃんと管理せずに放置しておけば、家屋のみならず敷地内が荒れて小動物が棲みつく、害虫が発生する、不逞の輩《やから》が住みつくなど、治安面で大きなリスクを生じます。空き家に対しての放火なども報告され、問題となっています。

三つ目が、「災害」の問題です。ゲリラ豪雨や台風、地震などの自然災害が生じた場合、それによって家屋が倒壊する、屋根の瓦が飛ぶといった二次災害を誘発するリスクが高まる、ということです。

空き家だけでなく、空き地の大量発生も街の環境や治安に大きな影響を及ぼします。お隣が空き地で管理が不十分なら、防犯上での不安が募ります。

住民が少なくなって空き地が増えると、住民の更なる転出を促し、最終的に街のスラム化を招くという事例が国内外で多数報告されています。空き地が増えることは多くの場合、周囲の住民から見て、街の「住み心地」を悪くすることに繋がるのです。

■これから進むのは「街のスポンジ化」

東京23区内であろうと、今後こうした状況に向き合う街が出現することは想像に難くありません。たとえば木造家屋が密集しているうえ道路が狭く、住民が高齢化しているような街。都内でよく見かけますが、こうした街は今後、相続の発生に連動して空き家や空き地が増加。街がスポンジのようにスカスカになっていくことが予想されます。

人は所有しているものに一定の価値を認めている間は、メンテナンスを行い、その価値を維持しようと考えます。しかしそのものに価値がない、役に立たないと思うと、それに対する関心を失いメンテナンスを十分に行うことをしなくなります。

これからは東京都内であろうと、相続した不動産が自分にとって大きな価値を生まない、ましてや税金負担や維持管理の負担ばかりかかる「やっかいもの」だと思うことになりかねません。そうなれば、不動産を空き家や空き地のまま放置するようになる。これが結果として「街のスポンジ化」を招くことになるのです。

スポンジ化した街ではコミュニティの維持も難しくなり、人が寄り付かなくなります。入ってくる人よりも出ていく人が多くなれば、街に取り残されるのは高齢者ばかりとなります。高齢者だけになった街では若い人が集まってきません。若い人が来ないということは子供の数が減ることを意味します。こうしたサイクルの果てに、街が衰亡していくのです。

地方では、かつてお店やお客を多く集客していた中心市街地の商店街が、活気を失い「シャッター通り」と呼ばれるゴーストタウンとなっています。

まさか東京都内ではこんな状態にならないだろう、などと考えがちですが、同じ構造に陥っている街がすでに都内でも発生し始めています。

「街のスポンジ化」は、街を内側から蝕み、その魅力を削ぎ、最終的には街を死に追いやるものです。それが東京都内であっても、エリアや街によっては例外ではなくなっています。そして空き家や空き地の増加は個々の物件の不動産価値を下げるだけでなく、街全体の資産価値を下げることにも繋がるのです。

■「働き方改革」がもたらしたもの

最近は国を挙げて「働き方改革」が提唱されています。

日本国民の人口減少と高齢化は、すでに現実として働き手不足を招いています。働き手が減る中で経済を維持していくには、一人当たりの労働生産性を向上させるしかないということです。

本来は「働き手が減るからその分たくさん働こう」となりそうですが、今のところの「働き方改革」は労働時間を減らして処遇を改善し、それで労働者の生産性を上げるという、やや虫の良い目標を掲げているようにも見えます。

実際に政府が掲げている「働き方改革実現」のための課題は多岐にわたっており、整理すれば、おおよそ以下の九つに分類できそうです。

①非正規雇用の処遇改善
②賃金引上げと労働生産性の向上
③長時間労働の是正
④柔軟な働き方がしやすい環境整備
⑤病気の治療・子育て・介護等と仕事の両立、障害者就労の推進

⑥外国人材の受け入れ
⑦女性、若者が活躍しやすい環境整備
⑧雇用吸収力の高い産業への転職、再就職支援、人材育成、格差を固定化させない教育の充実
⑨高齢者の就労促進

こうした国を挙げての大きな動きは今後、人々の住まい選びにどのような影響を与えるのでしょうか。私は「働き方法案」の内容そのものより、すでに人々の働き方が変わりつつあることに注目しています。そしてこの動きが、実は今後の住まい選びにとって、かなり大きな変化をもたらすと考えています。

私は大学を卒業した後、銀行を皮切りに、外資系のコンサルティングファームであるボストン・コンサルティング・グループを経て、不動産デベロッパーである三井不動産で働きました。

正直、この間の働き方は相当に激しいものでした。コンサルティングファームでは、社員は個人事業主のようなもの。制度上では休暇も出社時間もかなり自由ではありましたが、実

際には休みはほとんど取れず、深夜、休日に働くことも当たり前でした。

三井不動産に勤めた30代から40代前半にかけ、私はオフィスビルの取得や開発、証券化という仕事をしましたが、この時の働き方も滅茶苦茶。ほぼ毎晩、深夜まで仕事。あまりに深夜残業が続いていたため、会社の前に並ぶ個人タクシーの運転手さん、そのほぼ全員が私の自宅の場所を知っていたくらいです。ようやく迎えた週末の朝も、上司からの電話で叩き起こされ、しばしば出社を命じられていました。

ところが今現在、多くの企業で勤務制度そのものが変わり始めています。いくつかの大企業ではフリーアドレス制が採用されて自分の固有のデスクがなくなり、9時から5時まで、といった勤務時間の考え方が希薄になったそうです。

社会的には、会社まで来ることなく自宅や自宅近く、あるいは取引先近くのサテライトオフィスやコワーキング施設で終日仕事、といったいわゆるテレワークが多く導入され始めています。

なおコワーキング施設とは、その施設の会員がオフィスを自由に使えるというもので、デスクで仕事をしたり、中で会議や打ち合わせをしたりすることが可能となっています。

こうした施設は当初、歴史が長く規模の大きな大企業より、まだ若くて小さいスタートアップのような組織のためのシェアオフィス、などと認識されていたと思います。

東京都港区にある三井不動産が手がけるシェアオフィス「WORK STYLING FLEX」。2018年4月5日撮影。読売新聞社提供

しかしあらためて実態を調べると、日本に上陸した米国のコワーキング施設WeWorkや三井不動産が展開するWORK STYLINGの会員の多くは大企業なのだそうです。

企業側にとって、オフィス経費は重い固定費です。頻繁には使わない会議室を維持したり、ほとんどの時間、外出している社員のためにデスクと椅子を用意するのは経費の無駄でした。

もしこうしたオフィス機能をコワーキング施設などで賄えるようなら、かかっていた固定費を変動費へと振り替えることができます。また施設で他社の社員らと交わる中、新たな発想やイノベーションが生まれるチャンスも増えます。上手く使いこなせたら、企業側にとってのメリットも大きいのです。

私の知り合いのとある大手製造業の若手社員は、1週間のうち会社に出社するのは1、2日程度、しかも9時から5時まで会社のデスクにずっと座ることはないと言っていました。彼は日中、自宅近くのコワーキング施設で働き、夕方はそこから子供を保育園に迎えに行き、そのまま自宅に帰ることが多いそうです。彼のカバンの中身を見せてもらえば、中にはパソコンや情報端末がぎっしりと詰め込まれていました。

「これさえあれば、どこでも仕事はできます」

彼にとっての会社は最早「オフィス」という形を取っておらず、あくまで「情報空間」の中にあるように、私の目には映りました。

最近スターバックスやタリーズといったカフェへ平日の昼間に行くと、ノートパソコンを叩いている人をよく見かけます。コワーキング施設の会員にならずとも、場所と時間を自由に使い、仕事をする勤労者が確実に増えていることを実感させられます。

■「通勤」しない時代の住まい選びとは

こうした「働き方」がさらに進化していくと不動産、とりわけ人々の住まい選びにどのような変化がもたらされるのか。導き出した仮説は「通勤」がなくなるということです。

これまで都心に大きな拠点を構えていた会社も、本社機能のみを残して規模を縮小。その分、多くの社員は自宅近くのコワーキング施設へ向かい、好きな時間に仕事をして帰宅。国の方針もあって副業が公に認められ、インターネットなどを通じ、所属する会社組織と異なる世界の人と付き合い、そこでも収入を得る。

もしこんなワーキングスタイルが当たり前となったとき、住まい選びはどうなるのでしょうか。一つ言えるのは「住みたい街ランキング」がさらに大きく変動するということです。一日の大半を自宅、もしくは自宅近くのコワーキング施設で過ごす。移動はもっぱら徒歩や自転車。勤務先の会社は異なれども夫婦が同じ街で、もしくは同じコワーキング施設で働く。通勤時間はほとんどなくなり、夫婦や家族が足元の「街」で過ごす時間が大幅に増える。

こうなった瞬間どうなるか。おそらく住まい選びはそれまでの価値基準のいくつかを「リセット」することとなり、特に会社までの「交通利便性」という要素がまったく意味をなさなくなります。むしろ「住む」「働く」「暮らす」などの要素が高いレベルで集積した「街」を志向する動きに変わることになりそうです。

私はこの「リセット」が、実はさほど遠くない未来で起こると考えています。またこの「リセット」を通じ、これまでのように多くのお金や時間を費やして住まいを所有しなければならなかった日本人のあり方や生き方まで変えることになると期待しています。

これから東京に住む人たちはもっと自由に、そして「働き方」や「暮らし方」に応じてしなやかに「街」を選んでいく。

東京で再びオリンピックが開催されるその先、私たちはそんな現実と向き合うことになるのです。

コラム　明石町に育って

私が育ったのは東京の中央区明石町です。

私の父親は米国のミシガン州デトロイト市の病院で長く外科医を務めていたという変わった経歴の持ち主でした。そうした経緯もあり、私と兄はともにデトロイト生まれということになるのですが、昭和30年代の後半、私たち家族は日本に帰ることとなりました。今風にいえば、帰国子女というわけです。

日本に戻って父親が職を得たのが明石町にある聖路加国際病院。そして私たちは病院が用意した住宅、いわゆる社宅、否「院宅」でしょうか、に入居することになりました。家は病院から歩くこと5分。病院が所有する敷地面積約4000坪の庭の中にある平屋の一軒家でした。

私たちの家以外には院長先生、内科の先生、病院の事務長と事務職員の家が数軒と、看護婦寮があるだけで、残りはすべて芝生が敷き詰められた広大な庭でした。

鬱蒼と木々が生い茂る敷地の入口には緑色のペンキで塗られた大きな門があり、その脇には守衛所があって、昼夜交替で守衛さんが駐在していました。守衛所には雑種の犬が２匹いて、朝夕に通学する僕らの格好の遊び相手となっていました。数軒の家があるだけの広大な庭は、数名の庭師のおじさんたちによって毎日芝や桜につつじ、薔薇などの植栽管理が行われていました。

当時聖路加病院にあった広大な庭にて遊ぶ私と兄。写っている青桐の木が野球の練習相手でした

庭の真ん中には大きな青桐の木があって、庭で野球をする私たちバッターにとって格好の目標でした。庭の端には動物小屋があり、実験用のうさぎとモルモットが飼われていました。動物の子供が生まれると、私たち兄弟は庭を走って小屋へと向かい、両の掌の上に生まれたばかりの温かい赤ちゃんを抱くことができました。

その庭は隅田川沿いにあり、川と敷地との間には狭い道路がありました。当時の堤防は武骨で背の高いコンクリートの壁が続き、堤防沿いには浮浪者が住み着いていました。今風にいえば「ホームレス」で、昼間から堤防脇に数名で屯《たむろ》しては、どこから仕入れてきたのか、酒を酌み交わして騒いでいました。

明石町に隣接する湊町には渡船場がありました。「佃《つくだ》の渡し」です。

向かい岸の佃島や石川島には造船所が多くあったため、そこに通う労働者や月島からやってくる野菜や乾物などをたくさん籠につめこんだおばちゃん商人たちで渡船場はいつもごったがえしていました。

この渡しは1964年8月に佃大橋の完成とともに廃止となるのですが、その直前に母親に連れられ、船に乗って佃島に渡った日のことを今でもよく覚えています。渡し船は満員。席に座れない労働者やおばちゃん商人たちが、自転車ごと船に乗り込んでくる。すごい人熱《ひといき》れの中、船はゆっくりと佃島へ。なぜか船にとりつけた救助用の浮き輪に刻された東京都のマークが今でも脳裏に焼き付いています。

当時の隅田川は現在と違ってあまりきれいな川ではなく、夏の日の夕方頃になると、どぶさらいをした後のような臭いが漂ってきました。東京湾の方角から吹いてくる海風が、夕方になると隅田川に沿って明石町付近にまで吹いてきていたものと思われます。

小学生になると私は地元の小学校ではなく、母方の祖父母の住む千代田区一番町近くの麴町小学校に通うようになりました。昭和41年のことです。

当時、小学校に行くには明石町から歩いて10分ほどの晴海通り沿いにある小田原町（現在の築地七丁目付近）からバスに乗っていました。一年生の頃は母親が一緒にバスに乗って麴町まで送ってくれました。おそらく母親はその足で一番町に住む祖父母の家に寄っていたのでしょう。

当時は小田原町に行くまでの道すがら、聖路加病院を取り囲むようにして運河がありました。病院の斜向《はす》かいには南明橋という橋が架かっていて橋の下は運河でした。橋の上から運河を眺めるとそこにはたくさんのだるま船が舳先を並べていて、船の上で多くの船上生活者が暮らしている様を見ることができました。

運河にはメタンガスがプツプツと湧き、卵が腐ったような臭気が立ち込め、潮が引くと黒くべとついた泥底が姿を晒し、そこをドブネズミたちが走り回る、などというのがごく日常の光景でした。宮本輝の小説『道頓堀川』（新潮文庫）に出てくるような風景が東京の真ん中にもあったのです。

その頃の晴海通りには、バスのほか都電やトロリーバスも走っていました。トロリーバスとはいわゆる電気自動車のことですが、車両にバッテリーを搭載しているわけではありません。道路上空に張り巡らせた電線から電気を取って走るもので、バスと電車の合いの子のような存在でした。今では日本で、立山黒部アルペンルートにある関電トンネルと立山トンネルにしか存在しませんが、関電トンネルのものは2019年4月の廃止が決定しているそうです。

この頃の東京は、今の中国の大都市のようにスモッグに覆われ、道路上は電線で覆いつくされ、電線のトンネルの中をトラック、バス、タクシーやオート三輪がけたたましくクラクションを鳴らして走る、そんな街でした。

当時の明石町を俯瞰すれば、聖路加病院の病院棟のある土地と現病院の建つ場所にあった結核患者用のサナトリウム棟が建つ土地、そして私たち家族が住む聖路加ガーデンという三つの広大な敷地が広がり、病院の裏には明石小学校、区立第二中学校（当時の名称は文海中学校）がある、周囲の喧騒から少し離れた閑静な環境にありました。

もとは江戸時代に埋め立てられた場所で、江戸時代には忠臣蔵事件で有名な赤穂藩浅野家の藩邸がありました。明治期には外国人居留地となって、日本の拇印制度に着目したイギリス人宣教師のヘンリー・フォールズが、指紋の研究を行ったことでも有名です。またこの街は慶應義塾、立教大学と明治学院大学の発祥の地としても知られています。

太平洋戦争時には、戦後の基幹病院として聖路加病院を残すという米軍の方針のもと、その周辺は爆撃されませんでした。そのため明石町から築地一帯には戦禍を免れた戦前の木造家屋が今でも残されています。

私は30歳頃までこの明石町と築地近辺で暮らしました。私の第二の故郷とも言える聖路加病院の庭は、その後皮肉なことに私が勤めていた三井不動産らデベロッパーの手によって再開発され、今では「聖路加ガーデン」という地上42階建てのオフィスビルと、サービス付き賃貸マンションである「聖路加レジデンス」がそびえ立っています。

私たち兄弟が毎日遊んだ聖路加病院のプールや卓球場があったサナトリウム棟の跡地には新病院が建ち、多くの患者さんを迎えています。

病院脇の運河は埋め立てられて公園となり、隅田川沿いのコンクリート堤防は壊され、スーパー堤防が整備されました。河川脇の浮浪者も姿を消し、隅田川の水は浄化されて区民の憩いの場となっています。

道路上空に張り巡らされた電線は取り払われ、スモッグがなくなり、今ではきれいな空が街を見下ろしています。

しかし私が今思うのは、東京のど真ん中ともいえる中央区にこんな桃源郷のような地があり、小説に出てくるような世界があったということです。私は社会人になって以降も地方や外国で暮らすことはなく、常に東京を本拠として暮らしてきました。その原点が明石町です。

明石町という一つの街だけでもこれだけの歴史があります。その街で暮らすということは街を感じること、そしてその街の歴史とともに歩むことに他なりません。

一見すると大都会で冷たいイメージしかないように見える東京ですが、実はこうした街がたくさん集積しているのです。

第３章

街間格差

あなたの人生は住む「街」で決まる

■「練馬区いじり」の思い出

今後は「住む」という意味での東京に、とても大きな変化が訪れることをここまで述べました。この章では具体的にどんな「街」がこの東京に存在するのか、街の特徴から類型化し、考えてみたいと思います。

その前にやや脱線いたしますが、コラムに続き、私の生い立ちについてもう少し紹介させていただきます。

中央区に育った私でしたが、通った高校は、都立西高校という杉並区にある学校です。当時の都立高校は学校群制度のもとに入学者選抜が行われており、西高校は第3学区の第32群に位置付けられていました。

そして第3学区は杉並区、中野区、練馬区で構成された学区で、西高校を受験する生徒はこの学区内に住民票があることが条件になっていました（そのため、この頃の私は練馬区にあった父の別宅に住民票を移していました）。

当時の受験生は同一学区内にあるいくつかの群の中から自分の希望する群を選び、そこを受験します。合格者は群全体で決定され、たとえば第32群の合格者は成績順に西高校、富士高校に交互に振り分けられていく、といった仕組みになっていました。

希望していた西高校に入学できた私でしたが、学校には当然三つの区から学生が入学してきます。当時の西高校は都立高校としてトップクラスの学校でしたから、集まる生徒は学区である杉並区、中野区、練馬区の成績優秀な生徒ばかり。

実質、中央区の人間だった私は完全なよそ者でしたが、それだけに、この三つの区からやってくる生徒同士の妙な対抗意識がよくわかりました。特に目立っていたのが〝練馬区いじり〟です。

たとえば雨が降ると自転車通学の多い練馬区の生徒の多くがバスを使い、杉並区にある高校まで南下してくるのですが、途中で通過する西武線の踏切がなかなか開かない。だから「雨が降れば練馬の生徒は遅刻する」と揶揄されていました。

さらに台風ともなると、練馬区を流れる石神井川の関町付近がしばしば氾濫していたため「台風が来れば練馬の生徒は早退する」など、よく練馬出身者が笑いのネタにされていました。

もっとも「差別」といった類のものではありません。単に他の2区に比べていささか牧歌的な練馬区がよくいじられていた、そして当の練馬区の生徒もそれを自虐的に楽しんでいた、というのが実態です。

■「23区格差」「駅間格差」から「街間格差」へ

さてこれらは高校生同士の他愛のないものですが、東京23区をつぶさに見れば地域差というものが実際に存在しています。

一つ目が行政区による違いです。

このあたりの内容は『23区格差』（池田利道著、中公新書ラクレ）に詳しく論じられています。同書は東京23区の行政サービスや区民の収入や職業、学歴、医療施設や学校の状況、家賃水準など広範囲に分析し、区ごとの通信簿まで付けてしまう、といった大胆な内容で話題を呼びました。

東京に存在する地域や場所による違いについて、行政区を基軸に浮かび上がらせた点がこの本の画期的なところかと思います。

二つ目が駅による違いです。

住まい選びは通勤の利便性を考えて行われる傾向が強い、ということは第2章でも述べました。最近住宅雑誌で目立つようになっているのが、「どの鉄道路線沿線に住むのが良いのか」「どの駅にアクセスできる住まいを選ぶのが良いのか」といった内容です。夫婦共働きでやっていくためには、使う鉄道路線や駅が非常に重要となるということです。それも当然だと思います。

そして三つ目がこの本でテーマにしている「街」です。

ここまでに記してきたように、働き方やライフスタイルの変化により、一日の大半を過ごすことになる「街」の選択こそ、今後の住まい選びにおいて重要となる可能性が高いのです。そしてこの選択では、その街が所属する行政区の各種サービスや社会インフラの充実度、住民の意識、あるいは文化や芸術といった要素までがかかわります。もちろん都心を含めた他の街とのアクセスといった交通利便性も重要となるでしょう。

ともあれ、あくまで自分自身を軸にさまざまな角度から検討し、住む「街」を選ぶ。これからはそんな時代になります。

東京の「街」には、実に多種多様な顔があります。ここまでにも述べてきたとおり、自然条件や辿ってきた歴史、文化の違いを背景にそれぞれ持っています。

しかし、ここではあえて一部の違いは無視し、立地や雰囲気、住民の属性、すでに存在するインフラ施設、さらには出入りする人の属性など、あくまで「街」として独自の視点で捉え直し、分類してみました。

したがって学術的に意味のある分類ではないこと、またそれぞれの街が持つ属性に対して、一方的に「良い」とか一方的に「悪い」といった評価はしていないことなどはご留意ください。

あくまで東京育ちの不動産屋として「どんな街に住むことがあなたにとって良いのか」その参考となるべくまとめたもの、ということで読み進めていただければ幸いです。

■ブランド住宅街に住む
――渋谷区広尾・松濤、新宿区四谷、千代田区番町など

ブランド住宅街の成り立ちについては第1章で取り上げました。それではこれから先「ブランド住宅街に住む」ということはどういった意味を持つのでしょうか。

最初に触れておきたいのが、ブランド住宅街に「住まいを買う」または「住まいを借りる」という選択について、もちろん諸条件によりますが、基本的に「おすすめ」というのが私のアドバイスです。

その理由はいくつかあります。最も大きな理由は「ブランドだから」という身も蓋もない

ものです。

人類は長い歴史を経て現代に至っています。そしてその歴史はある意味、自然災害との戦いの歴史でもありました。幾多の災害を経験し、多くの犠牲を払いつつも人類はこれに耐え、立ち上がり生きながらえてきました。これは日本に限らず世界共通のストーリーです。

そしてその結果として「たくさんのお金が必要だろうが買いたい」「住みたい」と考えられた地が、今現在のブランド住宅街なのです。

東京のブランド住宅街は、ほぼ例外なく高台で地盤が良く、見晴らしの良い土地に形成されています。「地盤が良い」のは地震に強いということ、「高台にある」のは台風や豪雨による河川の氾濫に強いということを意味しており、そういう意味で、単純に「住む」のには適した場所だと言えます。

また、ブランド住宅街は「価格が大きく下落することが少ない」という特徴も持っています。

たとえば渋谷区広尾にある広尾ガーデンヒルズ。ここは1980年代後半に開発された総戸数で1000戸を超える巨大高級マンション群です。

すでに築30年を超えていますから、通常のマンションであれば、価格は分譲当時よりもかなり下落しているはずです。しかし2018年夏の時点で、中古物件の売り出し価格は坪500万円台後半から600万円台前半を付けていました。

仕事柄、私もいくつかの部屋を訪問しましたが、よく手入れされているものの設備や仕様はさすがに古くなっていて、時代を感じさせます。それでも30坪の部屋が1億円台後半くらいの価格で売れてしまう。

おそらく竣工から現在に至るまで、中古相場としても坪400万円を割り込んだことがないのではないでしょうか。最近ではこうした中古相場が崩れにくく資産性が高いマンションを「ビンテージマンション」と呼び、再評価する傾向があります。

先頃、新宿区本塩町の四谷コーポラスという民間初の分譲マンションの建替えが発表になり、話題となりました。

このマンションが分譲されたのは、なんと今から60年以上前の1956年です。立地はJR「四ッ谷」駅から徒歩5分の好立地、外堀通りの喧騒から離れた閑静な住宅街にあります。総戸数は28戸の小ぶりなマンションです。

なお本物件はブランド住宅街に位置していることもあって、建替えを行っても現状よりも容積率（土地面積に対して建設できる建物面積の割合）が1・2倍程度にしかアップしません。

建替え中の民間初の分譲マンション、四谷コーポラス。2018年11月14日、編集部撮影

そのため、計画によれば28戸の住戸は建替え後に51戸になり、うち23戸が権利者の住戸、残りの28戸が新たに分譲されるとのことでした。

不動産屋の立場からすれば、「建替えても床面積がさほど増えない」ということであれば、建替えるほどのメリットは少なく、通常ではなかなか権利者間での合意形成が図れないだろう、などと推察されていました。しかし実際には権利者の9割が建替え後のマンション住戸の床面積を持つことに同意した、とのことでした。

四谷コーポラスが建替えを成功に導けた理由、その一つはやはり立地でしょう。このマンションはブランド住宅街に立地しています。だから建替え後のマンションには十分な不動産価値があり、おそらく建替え後の分譲部分も高値で売却されるはずです。

マンションの建物部分は経年で劣化してしまうため、その価値も下落してしまいます。しかし四谷のように土地の価値が保たれた立地なら、建物さえ新しくすれば、現在の時価で販売することができます。

二つ目が区分所有者の多くが富裕層であることです。建替えにあたっては、区分所有者が経済的に困窮していないことが絶対条件となります。今回の建替えは物件自体の容積率緩和が十分でないこともあって、建替えの結果、新たな追加負担を求められたはずですが、それを負担できるだけの経済的余裕が区分所有者にはあったということです。

ともあれ二つの理由、そのいずれも物件がブランド住宅街にあったことで導き出されています。富裕層が選び移り住んだ結果、建替えが実現して土地の価値を存分に発揮できる計画が策定できたのです。だからブランド住宅街はやっぱり「買い」なのです。

では「借りる」のはどうでしょうか。家賃が高い、という声がありそうですが、それでもブランド住宅街に住むメリットはあります。

まず富裕層とお付き合いをする機会が生じます。子供の保育園、学校などでの繋がり、お店での出会い。富裕層と付き合って生まれる人脈や得られる情報は貴重なものも多いはずです。またどうでも良いことかもしれませんが、周囲から見て賃貸か所有かなんて、不動産屋でもないかぎりわかりません。要人が住むことも多いので治安も悪くないですし、ずっと賃貸で住むには負担が大きいかもしれませんが、人生の一時期、意図を持って暮らしてみても良いと思います。

ブランド住宅街の欠点を挙げるなら何でしょうか。それは多くが駅から遠いということではないでしょうか。駅から遠いためか、「食料品や日用品を買うようなお店が近くにない」という声もよく聞きます。

こうした街に住む人は、電車で通勤するような人が少なく、もっぱら車で移動するのでしょう。ちまちました日常のお買い物はせず、お取り寄せでニーズを満たしているかもしれません。

要は「富裕者としての街選びの基準がある」ということです。

富裕層の世界では、当然ですが栄枯盛衰があります。事業に失敗するなどし、退去を余儀なくされる人もいます。しかし不動産という意味においては、物件の担保価値が下落するリスクは低いうえに、富裕層は再生産されるため、入れ替わりはスムーズに行われます。

それを踏まえても、ブランド住宅街は多少無理をして買っても借りても良い街なのです。

■湾岸タワーマンション街に住む
――江東区豊洲・東雲、中央区勝どき・晴海、港区芝浦など

湾岸タワーマンションは建物からの眺望の良さ、共用部の充実した設備仕様、そしてなんといっても都心への近さを売り物にして昨今、人気を博しています。最近ではこうしたタワーマンションが林立する湾岸部を新興の「ブランド住宅街」などと称する声もあります。

そもそも湾岸にタワーマンションがたくさん建ち始めたのにはきっかけがあります。それは１９９６年に行われた大都市法の改正です。

政府はこの年、都心居住の推進を図る名目で、東京都心部の容積率を一気に引き上げ、建物の高層化を促しました。当時はバブル崩壊後で世の中はデフレ時代に突入。外国為替市場では１ドル80円を切る超円高となり、採算が悪化した輸出型製造業の多くは、工場を東京湾岸部から次々と撤退させ、中国などのアジア各国へと拠点を移しました。

この工場跡地に目を付けたのがデベロッパーやゼネコンです。

これまで製造業の工場や大型倉庫が立地する湾岸部は、工業地域が多く容積率も２００％程度に抑えられていました。それが大都市法の改正で４００％、あるいは６００％まで軒並み引き上げられたのです。工場跡地は土地面積も広いため、超高層のタワーマンション建設

が可能となったのです。

土地代も内陸部の住宅地よりは割安ですし、一度に数百戸から1000戸程度の住宅を分譲できます。デベロッパーやゼネコンから見ても効率の良い商売であり、これらの事情を背景に、湾岸タワーマンション街が都内に数多くできあがったのです。

では湾岸タワーマンションの街に住む、ということをどう評価すべきでしょうか。

湾岸タワーマンション街を選ぶ際には注意すべきポイントが多くあります。

湾岸タワーマンション街は工場の跡地などを新しく開発したケースが多いため、どうしても古くからの住宅街に比べて環境が見劣りします。従前にあった工場によっては土壌汚染が残っていたり、周囲に薄暗い倉庫街が残って物流トラックが行きかったりするなど、必ずしも良好な住環境が確保されていないケースも多いのです。

土壌汚染は正しい処理を行えば正常な土地に戻すことは可能ですし、敷地が広いため、樹木や散策道を整備し、低層部に豪華なプールやジム、キッチンスタジアムや来訪者用の宿泊施設、ラウンジやコンビニ、バーやカフェなどを設えたりして、建物内にいるだけで生活上の満足もかなり得られるようになっています。

しかしタワーマンションが林立する地域では、実は街の体を成していない、という問題があります。タワマンの街では別のマンション住民との交流がなかなか生まれないのです。子供の学校を通じて、もしくは地区のイベントを通じて、といった機会があるとは思いますが、やはり一般的な東京の「街」と比べれば人とのつきあいは限定的です。

一部では町内会などを組織し、成果を上げているマンションもあるようですが、一棟一棟が一つの「街」のようになっているために、なかなか地域内での意思統一が図れないというのがタワーマンションの特徴です。

また一般的なマンションの場合、同時期に分譲され、ほぼ同じ価格帯の部屋が販売されることから、住民層の経済状態や趣味嗜好があまり変わらない傾向にありますが、タワーマンションでは高層部と低層部で相当の価格差が存在します。

とりわけ湾岸部は眺望が良いということもあり、高層部を外国人投資家が購入するケースが多くあります。また日本人富裕層が相続対策を目的として購入するようなケースも多いため、住民層や購入した目的がとても多様になっています。住民層が多岐にわたることを「デメリット」とは言い切れませんが、マンションの場合、あくまで区分所有者が一体となって運用していくコミュニティですので、管理組合などで議論がかみ合わないケースはなるべく避けたいところです。

生活するうえでは、高層部だと風が強くて窓が開けられない、洗濯物が干せない、高層建物であるために柱が巨大で間取りに制約が多い、かすかではありますが建物全体が揺れる……など、タワーマンションであるが故のデメリットもあるでしょう。

湾岸部ですから塩害も深刻です。外壁のシール材の劣化も激しく、一部のマンションでは窓枠のシール材が劣化して雨漏りが続出、といった事例も聞こえています。いざ外壁や窓枠などが破損すれば、高層建物であるために修繕用の足場が組めず、ベランダがないものも多いため、ゴンドラを用いた、それなりの規模での作業がどうしても必要となります。

修繕はもちろんですが、そもそも超高層の建物である以上、高層用エレベーターや非常用発電機などの管理費用も高くなります。いずれ必要となる大規模修繕は膨大な金額になることが想定されるのです。それを修繕積立金だけで本当に賄いきれるのか、という懸念はこれまでに多く指摘されています。

悪いことばかりを述べてしまいましたが、こうした状況を冷静に見てみれば、湾岸タワーマンション街を選び住む、ということはそれなりの覚悟がいるということになるでしょう。

もちろん投資家や富裕層が買うということは、それだけ物件が流通しやすいというメリットがあるとも言えます。実需のみならず、投資対象として価格の上昇が期待できることもタワーマンションの強みです。

何と言っても、世界的にも評価の高い東京の夜景が自分のものになります。立地にもよりますが、地上では大混雑の花火大会も、タワーマンションなら景色を独り占めできます。高みに立てば城の天守閣のごとく、その街を支配したかのような優越感を覚えられるかもしれません。

したがって湾岸タワーマンションに家を買うのであれば、長期間持ち続けるのではなく、投資マネーの動向をよく観察して状況次第で売却する、といった融通さを利かせることがポイントになるのではないでしょうか。

またタワーマンションの場合、建物の価値を維持できる期間がそれほど長くは見込めません。早めに見切らないと、維持コストに振り回されたあげく劣化が始まり、やがて投資としても実需としても求められなくなる、というリスクを含んでいることは頭に入れておきたいところです。

ただし「借りる」という選択であれば悪くはないと思います。平面としての「街」は充実していないし、昼間洗濯物をベランダに干せないかもしれませんが、多忙を極めたビジネスマンならあまり関係ありません。都心から近いうえ、付設のジムやプールでの健康維持もできますから、彼らと湾岸タワーマンション街はきわめて相性が良い、と言えそうです。

■外国人街に住む
――新宿区新大久保・高田馬場、足立区竹ノ塚、江戸川区西葛西など

東京都内の在留外国人数が52万人を超えたことについては第1章で述べました。彼らはすでに都内のいたるところで人種ごとに集い、外国人街を形成し始めています。

これらの街を観光や食事を目的として訪ねるのは、日本に居ながらにして海外旅行を楽しんでいるような気分で楽しいものです。ではこうした外国人が住み始めた街に自分も住んでみる、という選択はどうでしょう。

都内にある外国人街と呼ばれるエリアを整理してみます。

新宿区新大久保のコリアンタウンと呼ばれる韓国人街やイスラム横丁、足立区竹ノ塚のリトル・マニラと呼ばれるフィリピン人街、江戸川区西葛西のインド人街など、都内にはこのほかにも、いたるところに外国人街が形成されつつあります。

新宿区の高田馬場には現在約２０００人ものミャンマー人が住んでいるとされます。都内在住のミャンマー人は約９７００人なのでその2割強のミャンマー人が高田馬場に集結して

いることになります。

なぜ彼らが高田馬場に集まってきたか、ということについては諸説ありますが、高田馬場から西武新宿線で２駅目の「中井」駅にミャンマー人の仏教僧侶が寺院を建立したことがきっかけ、というのが定説となっています。

高田馬場には日本ミャンマー・カルチャーセンターがあり、在留ミャンマー人の生活支援や日本語指導などが行われています。「街」には数多くのミャンマー料理店が並び、在留ミャンマー人たちの情報交換の場になっているようです。

ミャンマーは大変な親日国です。東南アジアの中でもタイと並び、日本人にフレンドリーな人たちが多いのです。また高田馬場に住むミャンマー人には飲食店従業者や単純労働者だけでなく、最近は技能実習生としてIT分野の優秀な技術者などが増えています。

私は、東南アジアでも仕事をしていますが、タイとミャンマーでのビジネスであまり嫌な経験をしたことはありません。両国とも仏教国であり、それが日本との親和性を高めているのかもしれません。

宗教は民族性に直結します。この両国は私たちが想像する以上に敬虔な仏教徒で、その暮らしぶりも、日本人のそれと近しいイメージがあります。そうした意味でもミャンマー人の街、高田馬場は選んで良い「街」の一つと言えそうです。

西葛西のインド人街はどうでしょうか。西葛西にはインド人学校はもちろん、イスコン・ニューガヤ・ジャパンというヒンズー教の寺院もあり、その人口は2000人にまで及んでいます。

信教が違うという意味ではタイ人やミャンマー人に比べてやや距離を感じるかもしれません。ただ、この街に住むインド人の知的水準はかなり高いものがあります。

日本に来たインド人は、大手町や日本橋の金融機関などで働く金融マンやIT技術者が多いこともあり、東西線一本でアクセスできるこの西葛西の街に集結する傾向があります。

特に彼らは高度な数学教育を受けた人が多いのです。

私は以前REIT《リート》（Real Estate Investment Trust：不動産投資信託）を手がける企業で社長を務めていましたが、IR（Investor Relations：投資家向け広報）を通じ、インド人投資家と何度も交渉しました。その都度、彼らの暗算能力の高さに舌を巻いたものです。

西葛西には今も私の知人が住んでいますが、彼によればインド人は見事に日本人と「街」とに溶け込んでおり、そのうえ数多くあるインド料理店の味も良く、街の環境は素晴らしいと言っています。

このほか、新宿区の神楽坂はフランス人、渋谷区の代々木上原はトルコ人の街としてよく話題となりますが、集積している人口はそれほどの数ではありません。

神楽坂の場合、アンスティチュ・フランセ東京（旧東京日仏学院）というフランス政府の公式機関である語学学校があり、街中にはフレンチレストランが多いためにフランス人が集まってくる、といった程度で、集中して住んでいるわけではなさそうです。代々木上原も東京ジャーミーというイスラム教モスクがあり、多くの在留トルコ人がやってくることで有名ですが、今のところ、外国人街と称するほどの規模ではありません。

ただどちらの街も外国人街というよりもブランド住宅街であり、そもそも不動産価格は高い傾向にあります。この街を選択するなら、外国人街に住むという以前に高いハードルがありそうです。

外国人である以上、どうしても日本人と生活の習慣や価値観がどこか異なることも多く、生活上でのトラブルを嫌って敬遠する向きも多いようです。

しかし、すでに「多くの外国人が東京に家を構えている」というのが現実であり、２０１８年の新成人のうち新宿区では45・８％が、豊島区では38・３％が外国人となっています。ましてや学校に行く、もしくは会社で働くとしても、外国籍の同僚や上司と働くことが当たり前の時代です。

もし不安があるのなら、それこそホームステイ感覚で外国人街に賃貸住まいをし、異文化への理解を深めるところから始めてみるのも良いかもしれません。

いずれにせよ東京で暮らす、ということを考えたなら、こちらが望む、望まないにかかわらず、外国人との共生が当然のように求められる時代なのです。

■オフィス街に住む
――千代田区神田、中央区日本橋・京橋、港区新橋・虎ノ門、新宿区西新宿など

ビジネスや経済の中心である東京都心にはオフィス街が広がっています。「オフィス街に住む場所なんかない」と思っている方がいるかもしれませんが、実はそれなりにあり、多くの人が住んでいます。

オフィス街に存在する住宅は、おおむね次の3パターンくらいに分類できます。
①もともとの住民で、オフィスへの開発を拒み、自らの店舗などの上層部に住み、あるいは賃貸している住宅

②持っていた土地にビルを建て、その上層部を住宅にして自らが住んでいる住宅
③開発にあたり、区の住宅付置義務条例などによって一定限度割り当てられた賃貸住宅

このうち②については、たとえば神田や新橋といった東京都心で中小ビルが多数立地しているようなエリアで多く見られます。8階建てから10階建てくらいの中小オフィスビルで、入口の館内表示板を見ると最上階の表示だけがない。エレベーターも通常、最上階まで行けないような構造になっているものが目立ちます。こうしたビルでは、多くの場合ビルオーナーがそこに住んでいます。彼らは最上階へ向かう際には専用の鍵を使って出入りをしているのです。

ただこうした住宅を買う、借りるというのはなかなかハードルが高いので「住む」という対象から除外します。

最近目立つのが、③の住宅付置義務条例等の開発ルールによって設置された賃貸住宅です。付置義務住宅とは一定以上の規模の開発事業に対して住宅を付置するように定めた条例で、東京都心部では千代田区や港区などで制定されています。

港区の定めた「港区開発事業に係わる定住促進指導要綱」によれば、この要綱の目的は

「市街地環境の整備改善と定住人口の確保、増加のため」とあり、「敷地面積５００㎡以上または延床面積３０００㎡以上の建築物に対して、算式に基づいた一定割合の住宅または生活利便施設を確保する」と謳われています。

この施策が生まれた背景には都心部の人口減少がありました。

80年代にオフィスビルの建設がラッシュを迎えたことで、１９８３年頃に約20万人だった港区の人口は、この年を境に減少に転じ、１９９５年には15万人を切るまでになりました。そこでさらなる人口減少を食い止める意味で、区は開発業者に対し、オフィスなどの非住宅用途の建物を建設する際に必ず住宅の付置を行うよう、要請するに至ったのです。

一説には、当時の区議会議員の多くが過度な人口減少を嫌った、などとも言われています。というのも人口が減少すれば、それだけ議員定数も削減され、自らの身分が危うくなってしまう。そうしたことを懸念した議員たちが、先頭に立ってこの条例の制定に奔走している、などと噂されていました。

しかし今や都心居住の傾向もあり、オフィスビルの上層部へ無理に住宅を設けずとも多くの人口を確保できるようになりました。

たとえば港区は湾岸部のタワーマンション建設ラッシュもあり、２０１８年４月現在で25

万6000人にまで人口が増加しています。そうした意味で付置義務条例の役割は終了したと言えそうですが、実際、中央区や新宿区では条例はすでに廃止されています。

オフィス街至近に作られたタワーマンションを買う以外は、①の賃貸住宅や、③のデベロッパー等が開発したオフィスビルの付置義務住宅を借りて住むという選択肢になります。

一般的に①は古いものが多く、1981年より前に旧耐震基準に沿って建てられた建物もたくさんあります。その分、賃料もリーズナブルなはずですし、建物や設備の古さをあまり気にしなければ、通勤にも極めて便利。割り切って忙しい期間だけ家賃を払って住む、なんて選択も悪くありません。オーナーと仲良くなれば、街の歴史や文化についても詳しくなることでしょう。

③の付置義務住宅はどうでしょう。通勤には便利でしょうが、階下がオフィスビル、などというのはいささか微妙です。セキュリティーは万全、と言いたいところですが、オフィスである以上、夜間や休日はもぬけの殻。入口もビルの裏口のようなところからアプローチするケースも見られ、都心に住むステータスや高揚感を味わうのは難しいかもしれません。「街」としても、スーパーや生活利便施設は十分ではないところが多く、週末は閑散としてしまい、楽しめないという声もありそうです。

最近はオフィス街にも、一定規模の商業施設や映画館などを併設するような巨大ビルが陸続と建てられていますし、今後、住環境は改善されていくのかもしれません。それでも不動産屋としての先入観があるのかもしれませんが、これらの街には「人の匂い」がどうしてもまだ希薄と感じます。オフィス街のビルオーナーの方々も、お会いしてみると孤独な方が多い印象もあります。かつての町内会や自治会のような組織も高齢化が激しくなり、そういう意味で「街」の活気を感じられなくなったのかもしれません。

こうした地域に住まいを「買う」「借りる」ということについては、あくまで仕事に重きを置いた結果の「仮住まい」と考えるほうが無難なのかもしれません。

■観光地に住む

――台東区浅草・上野、墨田区押上、千代田区外神田・神田佐久間町（秋葉原）、中央区築地・銀座など

最近は観光客を相手にした不動産、たとえばホテルや旅館といった宿泊施設、観光客を相手にした商業施設などの仕事をよく頂戴するようになりました。また大型のキャリーバッグを引いて東京を歩く観光客の姿が以前と比べると明らかに増えていることを実感します。

ここであらためて東京を「観光地」という視点で見てみましょう。

現在の東京観光を牽引しているのが外国人観光客、いわゆるインバウンドです。2017年に東京を訪れた外国人観光客は1377万4000人。この年に日本を訪れた外国人観光客2869万人のうち、約半数が東京を訪れている、という計算になります。

東京都の発表によれば2017年の年間観光入れ込み客数（実人数）は5億3700万人。このうち日帰り客が約9割の4億9300万人、宿泊客は4430万人です。

今からおよそ10年前となる2007年の数値と比較すれば、全体で21・6％の増加。特に宿泊客は63・8％もの大幅増となっています。

観光消費額もうなぎ上り。2017年の観光消費額は5兆8448億円。2007年が4兆4428億円でしたからこの10年間で1兆円を超える大幅増です。ここでも外国人観光客の活躍が目立っており、2017年における外国人観光客の消費額は1兆1357億円と、全体消費額の19％を占めています。

なお10年前の2007年の消費額は3592億円、全体消費額に占める割合は8％に過ぎませんでした。外国人観光客は東京の街中をただ闊歩しているだけではなく、しっかりお金を落とす貴重な存在となっているのです。

外国人観光客が好んで訪れる東京の観光地は、東京スカイツリーのある押上、江戸情緒が残る浅草や上野、マニアの街秋葉原、すでに豊洲へ移転してしまいましたが魚市場の見学先としての築地。買い物やグルメ、夜の遊びの行き先としては銀座、六本木、新宿、渋谷、池袋といった繁華街などが挙げられるでしょう。

東京は人口の伸びこそ鈍り、年間で10万人弱程度の増加となりました。ただ、東京都の人口にも匹敵する数の外国人観光客が東京の街を訪れるようになっています。東京の街中を歩いて外国人の姿を目にする機会が増えたのは当然のことなのです。

ではこうした観光地に住む、ということはどのように考えれば良いのでしょうか。

不動産という意味では今後、観光要素の強い東京の「街」はその価値をさらに上昇させていくと考えています。人が集まる「街」、特に外国人観光客が集まるエリアは宿泊施設のみならず、商業施設なども集結しやすく、「街」としての消費も格段に上がります。

消費が盛り上がれば、そこで働こうとする人が新たに「街」にやってくることになります。やってきた人たちが「街」に新しいお店を出し、そこに住む。彼らももちろん、地域の消費活動に加わってくれます。

観光客と聞くと、儲かるのはホテルや旅館、あるいは商店だけで住んでいる自分たちは関係ない、という声をよく耳にします。外国人は言葉が通じないし文化も違うから苦手、などと一方的に毛嫌いする向きもあります。

外国人旅行者でにぎわう浅草寺。東京都台東区で。2018年１月10日撮影。読売新聞社提供

しかし現代では、住民もこうした街の活況とかかわることは可能です。

たとえば、建物の１階を外国人観光客も楽しめるような雑貨店や飲食店に賃貸する。空いた部屋で民泊をして観光客を宿泊させる。英語の勉強をして、地元の観光ガイドを買って出ても良いかもしれません。

視点を変えて、観光施設で働く日本人向けにアパートや賃貸マンションを建てることも検討できるでしょう。いずれにせよ、不動産の需要は人にこそあります。観光客と接することがなくとも、人が集まる街には必ず関連需要が発生し、この需要を取り込むだけでも不動産価値を高めることが可能なのです。

そうした意味では、東京の観光要素が強い「街」で住まいを「買う」「借りる」を考える際、ただ居住するという意味合いで捉えるのは非常にもったいないようにも思います。観光客向けに不動産を活用する、という視点に立って新たな可能性を見出してみてはいかがでしょうか。

■団地に住む
――港区南青山・北青山、板橋区高島平、北区赤羽台、新宿区戸山など

東京都内には数多くの団地があります。

一口に団地と言っても実はいくつかの種類があります。たとえば公営団地という観点から分類すると、都営団地、住宅供給公社の団地、都市機構（ＵＲ）の団地に分類されます。

その戸数は東京都都市局の調査によれば都営住宅で約26万戸、住宅供給公社で約６万戸、都市機構で約17万戸、合計で約50万戸にも及びます。しかしこれらの団地のほとんどは、地方から東京へと人口が一気に押し寄せた時代にまとめて建設されたために、その多くで建物の老朽化と住民の高齢化が課題になっています。

具体的には、いまからおよそ50年前となる昭和40年代以前に建設された団地が、都営住宅で11万戸、住宅供給公社で約４万３０００戸、都市機構で約７万６０００戸も存在します。

都心居住が進んでいるのに対して、これらの公営住宅のほとんどが、定められた容積率を消化しないまま、都内各所に取り残されているのです。

たとえば港区の青山地区。ここには、東京メトロ銀座線の青山一丁目や外苑前から徒歩でアクセスできる超一等地に、都営南青山一丁目アパートおよび同第二アパート、そして青山北町アパートがあります。二つの南青山アパートが１９７０年に、青山北町アパートが１９６１年から63年にかけて開発され、今も合計３４２戸もの住戸が存在していますが、建物の老朽化が著しいうえに住民の高齢化も激しく、再開発の計画も進んでいます。

一方、板橋区の北部には高島平団地という、東京を、いや日本を代表する大型団地があります。

この団地がある高島平は荒川と新河岸川南岸に接する土地で、徳丸ヶ原と呼ばれる広大な農作地でした。そこを１９６６年当時の日本住宅公団（現：都市再生機構）が土地区画整理と団地造成に着手し、72年から入居が始まりました。

14階建ての高層住宅などで構成されたこの団地は、その規模は「東洋一」と称され、東京で働く人々にとって憧れの団地でした。

「高島平」という地名は、江戸時代である天保年間に日本で初めて洋式砲術と洋式銃陣の公開演習を行った砲術家、高島秋帆の名にちなんでいると言われます。ただ、実際に日本住宅公団が開発した団地は高島平二丁目の3分の2と三丁目の半分くらいの土地で、あとは主に戸建て住宅街が広がっています。二丁目は賃貸用途として、三丁目は分譲とされました。

2018年10月現在の相場は、賃貸では46㎡で賃料は共益費込みで8万5000円程度、坪換算にすれば6000円強。これは23区内としては「破格」の安さです。

中古価格も55㎡で2400万円程度。坪換算して140万円台前半というのも、築年数が経っているとはいえ「格安」と言えるでしょう。

高島平までは都営地下鉄三田線が延びており、最寄りの高島平駅から大手町駅まで直通32分でアクセスできます。また高島平駅から19分の巣鴨駅で乗り換えれば、池袋駅へ24分、新宿へ33分でアクセスできてしまいます。

この団地が抱える問題は、やはり住民の高齢化です。住民数は1991年には2万5000人でしたが、この年をピークに減少し、現在では半分近くとなっているようです。65歳以上の高齢者の割合も40％程度となっています。

しかし、高島平団地は駅からも近いうえ、敷地も広大。開発の時点から公園や商店を備えていたことから、住環境は良いうえ物価も安く、高齢者にとってみれば、ある意味で楽園のような場所になっています。

最近だと外国人が居を構え始めています。都心に近いのに賃料が安いことは、日本にやってきたばかりでさほど余裕のない外国人から見れば、これ以上無い魅力でしょう。

外国人の流入が元の住民との軋轢を生んでいないか、などと心配になりますが、高島平団地の外国人住民と日本人住民との共生を目的として設立された「高島平ACT」のホームページなどを見ると、その心配は無用ということがよく分かります。日本語はもちろん、団地内のルールや日本の習慣や文化、芸能を教えたり、逆に彼らの国のそれを紹介してもらったりと、草の根の交流が活発に行われているようです。

都内で70年代以前に開発された大規模団地は、意外と東京中心部や都心から容易にアクセスできるような便利な場所にあります。物件はよく吟味すべきですが、「住む」という目的に立ったなら掘り出し物が見つかるチャンスは大いにあるでしょう。

いずれにせよ、こうした団地ではすでに長年にわたって住民が暮らしてきたという背景があります。その分の実績や経験に加えてコミュニティも確立されていますし、快適な生活環境を確保できるところが多いはずです。

私はこれからの若い世代には、ぜひ新築住宅へのこだわりを一考し、歴史を刻んだ古い建物やコミュニティを大切にメンテナンスしながら生活する道も選択肢の一つに加えてほしいと考えています。

「古いものはダメ」と切り捨てるのではなく、そこで長く暮らしてきた人々と一緒に住み、互いに助け合ったり、知恵を出し合ったりしながら生活する。そんな姿が都内で、特に団地で見られるようになればすばらしいと考えています。

そして現実に、団地の中のいくつかはすでに新しくやってきた若い人や外国人の手によって復活し、新たな街としての歩みを始めているのです。

■高台（山の手）に住む

――千代田区六番町、文京区本駒込、港区麻布台、品川区東五反田（池田山）など

以前ある地方の投資家から、東京での物件紹介を依頼されたことがありました。東日本大震災が発生する前のことです。

予算や条件を伺ったうえで好みのエリアを尋ねると、その投資家はこう言いました。

「標高が高いところ。高くないなら買わない」

それまで高台を好む人は多くいました。しかし「標高が高い」と表現する人はいなかった

ので、とても印象に残りました。ともあれブランド住宅街の選りすぐりの土地から物件をピックアップし、東京まで見に来てもらうことになりました。

案内当日、その日見学する物件の一覧を手渡すと、彼は開口一番、

「物件の標高はそれぞれ何メートル？　表示が無いと困る」

と不満げな顔をされました。具体的に標高がわからないなら、絶対に買わないともおっしゃいます。こんな体験は初めてでした。

その日結局売買は成立せず、連絡もそれで途切れてしまいましたが、標高をとても気にしていた意味については、東日本大震災が起きた後になって何となく理解しました。

実際の東京の土地の標高はどのようになっているのでしょうか。国土地理院のホームページの「デジタル標高地形図」を見てみると、全国各地の標高が実際の地図上に落とし込まれており、東京の土地の高低差も一目でわかるようになっています。

東京の土地は荒川と多摩川に挟まれていて、武蔵野台地として西へと広がっています。西へ向かうほど標高は高くなり、世田谷区の西部や杉並区、練馬区あたりまでくると標高は70mを超えてきます。

大きく23区内の標高差を見ていくと、北区の十条や王子の飛鳥山といった高台から東は土

地が落ち込んでいます。そして上野の恩賜公園から本郷界隈がまた高台を形成し、皇居に至ります。

皇居から南は、新橋の西の愛宕山から高輪、御殿山、さらに目黒川を跨いで大田区の山王あたりは標高が高くなっています。西へ進んで田園調布、多摩川沿いに北西へ世田谷区の上野毛から砧公園、成城学園方面も標高が高くなります。

主要な区についてもう少し詳しく見ていきましょう。

文京区では豊島区との境であるJRの巣鴨駅、駒込駅付近から南東に向かい、本駒込、千石あたりが高台となり、根津、千駄木あたりでいったん下って、弥生から本郷に向かって高台となります。いっぽう後楽園から春日通り沿いは標高が下がり、通りを挟んで茗荷谷、小日向、小石川、護国寺などへと高台が続きます。

千代田区は、皇居から西の半分で標高が高くなっています。九段から番町、麹町、市谷、四谷付近は歴史あるブランド住宅街だと紹介しました。四谷から赤坂見附にかけて下っていきますが、国会議事堂のある永田町や平河町は再び高台となります。

港区は赤坂見附から青山通り沿いに表参道付近まで標高が上がっていきます。新橋の西、愛宕山から麻布、六本木、渋谷区の広尾付近までが高台となっている一方、古川沿いの麻布十番や赤羽橋あたりは低地になっています。

品川区や大田区は海に面していることから低地のイメージがありますが、ＪＲ東海道線の西側の高輪や御殿山、上大崎、山王などは高台です。また旗の台や洗足、武蔵小山近辺にかけても高台になっています。

渋谷区は「渋谷」という地名のとおりに谷底となっていて、どこから渋谷駅にアクセスしても坂を下ることになります。逆に渋谷から西の大山、桜丘、南平台、松濤から青葉台は高台となっています。

最後に新宿区。ここは神田川が流れる高田馬場付近を除いて、おおむね区の全体が高台になっています。

このように都内主要区の高台の地名を調べてみると、多くが地価の高いブランド住宅地を指していることに気づかされます。実際に高台は地盤が良く、地震に強いうえ、台風やゲリラ豪雨による高潮や洪水の危険も少ないなど、住むうえでのメリットが大きくあります。そのため東京で家を「買う」もしくは「借りる」ならなるべく高台を選ぶ、という指針を持つのは賢明と言えるでしょう。

ただ高台は坂の上り下りがあるので、高齢者には不向きなところもあります。商店まで行くのに坂を行き来しないといけなかったり、地下鉄やバスなどの交通の便が行き届いていなかったりするケースもあります。

品川区にある池田山の住宅を見に行った際、地図上では五反田駅からすぐのイメージだったのですが、実際には駅から続く急坂に往生した覚えがあります。

坂を上りきる頃には息も絶え絶えで、夏場のこともあってシャツは汗でびしょびしょになりました。

こういった住宅地に住む人は富裕層が中心ですので、駅を使うような人は少ないのかもしれませんが、東京に急坂が多いことを考えると、住むならばなるべく若いときの方が良いかもしれません。

■川沿い、運河沿いに住む

――千代田区富士見、文京区関口、江東区清澄、中央区明石町など

高台に住むことにはメリットが大きいと言いました。では低地、たとえば川や運河沿いに住むのはどうでしょうか。

第1章でも触れましたが、東京は水に恵まれた都市です。多摩川や江戸川、荒川といった

大きな河川だけでなく、都内には神田川、古川や目黒川が流れ、中央区や江東区、品川区、大田区などには多くの運河があります。また皇居の外濠沿いには、水や自然と親しめる場所が残されています。私が育った中央区の明石町も隅田川沿いにありました。

ただ、あくまで不動産屋としての目で見れば、川や運河沿いの街はマイナスポイントが多いのも事実です。特に東京東部の低地は、もし直下型の地震などに襲われて津波や土地の液状化が起きた場合、その被害から逃れることは難しいエリアです。地盤も高台に比べて軟弱なので、建物に対する被害も大きなものになることが予想されます。

生活利便性という意味でもマイナスポイントはあります。

そもそも川や運河は陸路を塞いでしまうので、たとえば商業施設の立地などは、川の存在で商圏を分断されることを嫌う傾向があります。だから大型の商業施設が川沿いに作られることは少ないのです。また川を越えるためには橋を渡ることが必要になる場合がほとんどのため、川沿いの住宅地はどうしても交通利便性が落ちてしまいます。

さらにその制約から、駅も作りにくい立地にあります。そのため川沿いや運河沿いの物件は、自然と駅から遠くなる傾向があります。先述した明石町も、最寄りの東京メトロ「築地」駅からは徒歩で10分近くかかります。

ただ川沿いと言っても、ブランド住宅地近くを流れるようなものであれば、不動産価格が若干安く、それでいて高級住宅地の雰囲気を味わえるといった意味でお得感があるかもしれません。

個人的には外濠際の千代田区富士見のあたりは良い環境にあると感じています。このエリアは千代田区内では数少ない住居地域で飯田橋駅にも近く、春にはお堀沿いに市谷から四谷にかけ、満開の桜を見ることができます。

文京区の関口から目白台にかけての神田川沿いにもホテル椿山荘から多くの樹木が連なり、やはり桜並木が有名です。

港区を流れる古川沿いの麻布十番や東麻布は、地価の高い麻布エリアの中では比較的価格が低い傾向があります。特に準工業地域に指定されていて、町工場や自動車ディーラーなども軒を連ねる東麻布は、北側の麻布台から南側の古川にかけて下った土地にあり、ブランド住宅街のイメージからは遠いものがあります。

麻布十番はお洒落なお店が多いエリアとして認識されていますが、実際には庶民的な商店も多く、物価もそれほどは高くありません。かつては商店街の西端に「麻布十番温泉」と「越の湯」という温泉もあり、庶民的な香りを残す街でもありました。ワンルームマンションも多いので「借りる」のであれば、若い人でも住めないことはないでしょう。

古川をさらに遡ると、渋谷川という名称に変わります。この渋谷川の南側の恵比寿一丁目や二丁目も低地で、恵比寿駅西側の高台にある恵比寿南などに比べてさほど注目されていませんでしたが、近年、洒落たレストランや雑貨店が増えて人気のエリアになりました。特に渋谷にあるＩＴ系企業の社員やクリエイター、若い女性らが多く住んでいるようです。

目黒川沿いなら、雅叙園のある下目黒付近や中目黒駅から北西の上目黒、東山のあたりもいい雰囲気です。桜の季節にはたくさんの人がやってくるし、秋には目黒のサンマ祭りも楽しめます。

運河のある街ならば、中央区の佃がおすすめ。隅田川の支流にあたる小さな運河ですが、周囲に佃煮屋が残るなど、下町の風情が感じられる街です。

小名木川のある江東区の清澄白河も、最近は若者に人気の街ですが、同じ江東区の木場公園付近は大横川と仙台堀川が交差し、ここから北の猿江恩賜公園付近まで水辺が続く雰囲気の良い街です。

川や運河ではありませんが、都内には素晴らしい景観を持つ池も多数あります。井の頭池は、住みたい街で常に上位に位置する吉祥寺になくてはならない存在です。その他にも大田区南千束の洗足池、港区麻布の有栖川宮記念公園、白金台の自然教育園、杉並区善福寺の善福寺池など、いずれも良い環境にありますし、自然の残る水辺を借景にする暮らしもおすすめです。

■下町に住む

――中央区築地、台東区谷中、文京区根津など

中央区の明石町で育った私は、大学時代を築地、社会人になってからは入船で暮らしました。そういった意味で、実質的な故郷は築地界隈と言えると思います。

築地は東京を代表する下町の一つです。中央卸売市場があったことから、業者が売買する市場の印象が強いですが、隣接して「場外」と呼ばれる商店街があり、こちらは一般の人が買い物できる場所として今も繁盛しています。

かつてはこの場外とは別に、築地六丁目から七丁目にかけて、地元客を相手にした商店が多くありました。下町らしく魚や野菜、惣菜や肉を売る威勢の良い声がそこかしこに響き渡っていました。幼い頃の私は夕方、母の手に引かれてこの商店街でその日の買い物をしたものです。

そんな人情味溢れていた築地界隈も、今では多くのビルやマンションが立ち並んでいます。あの頃足を運んだ酒屋も文房具屋もみなビルに建替えられ、グルメな観光客を目当てとした飲食店が増えました。

この本を執筆している２０１８年10月現在、築地の市場跡地について、まだ明確な開発指針は出ていません。

以前あるデベロッパーが東京都に提示したという開発プランを見て仰天するのと同時に、かなりの落胆を覚えたことがありました。市場の跡が味気ないオフィスビル群になっていたからです。

高層ビルの低層部に「築地ブランド」の商店やレストランを誘致しても、長くこの地で暮らしてきた立場からすれば、紛い物でしかありません。そこで生きる人々の息遣いが感じられないのなら、それはいつまでも本当の「街」になりえないと思います。

下町の代表格、築地はこの先どうなるのでしょうか。個人的にはとても心配をしています。

もちろん都内には築地以外にも魅力あふれる下町が多くあります。

たとえばＪＲの「日暮里」駅の南西に広がるエリア。具体的には台東区谷中の「谷」、文京区根津の「根」、そして同じ文京区の千駄木の「千」を取って「谷根千《やねせん》」と呼ばれ、外国人観光客を含めて人気を博しています。

谷中はJRの駅前から谷中霊園が広がるなど寺が多い「街」です。

谷中霊園は都立の霊園でその面積は約10haに及びますが、その歴史も古く、徳川第15代将軍慶喜や渋沢栄一、横山大観などの有名人のお墓があることで有名です。周辺には古くからの民家やアパートが混在していますが、最近では古民家を改装したカフェや雑貨店、レストランが増え、街中を歩く人の数が増えました。

そこにHAGISOという築60年の木造アパートを改装したカフェやギャラリーなどが入った文化複合施設があります。この中にhanareというホテルのエントランスが設けられているのですが、客室はそことは別の古民家になっており、「街」そのものを平面で活用する試みが行われています。またお寺に多い猫をテーマにしたカフェ

谷中霊園。慰霊の地であり、住民の憩いの場であり、観光地としての存在感も増している。2017年９月25日撮影。読売新聞社提供

やグッズを置くお店も多く、好きな人にはたまらない「街」になっています。

谷中の南西部にある根津には１９００年前に日本武尊《やまとたけるのみこと》が創祀した古社でツツジの名所の根津神社があります。その周辺には多くの飲食店が集まっており、私も学生の頃、ずいぶんお世話になりました。

不忍通りと言問通りの交差する「根津一丁目」の交差点を中心に多くの飲食店が立ち並んでいます。古くからの老舗飲食店や居酒屋と並び、お洒落なワインバルやイタリアンなどが程よく混在し、飲兵衛にとっては梯子《はしご》酒に事欠かない街です。

千駄木は下町というよりも下級武士の「街」なのですが、森鷗外や夏目漱石ら文豪が居を構えていた街でもあります。ここも最近ではカフェやレストランが古民家などを改装して居を構えるようになり、雰囲気の良い街となっています。

なおこの谷根千を歩くと、高層マンションやビルがほとんど無いことに気づきます。それがまたこの「街」を豊かな表情にしているように感じます。

下町の良さとはそこに暮らす人々の息遣いや人情を感じたり、昔ながらの商店や飲食店を愛《め》で楽しんだりすることにあると思います。築地の話題でも触れましたが、「街」を味わうにはそれが平面的に展開されていることが大前提となります。

高層建築物では、人は上下に移動しなければならなくなります。人は平面を歩くことはできますが、飛ぶことはできません。したがって階段やエレベーターを使うことになるのですが、いずれも建物内で移動中に目にできるものはとても少ないのです。徒歩なら、「街」そのものが自然と目に飛び込んできます。店先に立つ人々や、野良猫と触れ合うこともできるでしょう。下町の持つ温かみはそこにこそあるような気がしています。

そのため下町に住むのなら、工場街のようなところより、商店街のように多くの人々が出入りする「街」がずっとおすすめです。きっとそこにはよそ者を温かく迎え入れようという空気が流れているはずだからです。特に谷根千のように低層の古い建物が連なり、人が行きかう「街」にこそ、多くの幸せな時間が流れているように思われてなりません。

■ターミナル駅街に住む
——大崎、目黒、恵比寿、秋葉原、飯田橋など

住まい選びにおいて、以前よりも交通利便性が重視されるようになったのは「住みたい街ランキング」の変化から明らかだと述べました。

ではこの交通利便性に着目し、あらためて都内で「街」を考えるとどうなるでしょうか。

東京は世界的に見ても突出した鉄道社会です。「働き方改革」によって、いずれ変わるかもしれないとしても、今勤労者のほとんどは鉄道を利用して出勤しています。夫婦そろって都心に働きに出ることになれば、会社の立地を中心に住まいを考えるのは当然のことでしょう。

都心にアクセスするのに群を抜いて便利なのは、ＪＲ山手線のターミナル駅です。東京や新宿、渋谷、池袋は住宅環境としてはそれほど整備されていませんのでとりあえず除けば、南西部がおすすめです。具体的には品川を起点に、大崎、五反田、目黒、恵比寿といった駅でしょうか。いずれも他のＪＲや私鉄、地下鉄と接続するターミナル駅です。

以前の大崎は工場街でほとんど人が住まず、乗降客も多くありませんでした。しかし、産業構造の変化でこの街に立地していた製造業を主体とした工場の多くが移転。その跡地には高層のオフィスビルとマンションが立ち並ぶようになりました。大崎駅から延びるＪＲの湘南新宿ラインは東海道線と繋がりましたし、お台場方面へのアクセスにはりんかい線があります。

五反田はもともと池田山や上大崎といったブランド住宅街を抱えていますし、目黒、恵比寿は住環境にも恵まれています。特に目黒はＪＲ以外に都営三田線と東京メトロ南北線、東急目黒線も乗り入れる一大ターミナルを形成しています。

山手線で言うと北西部ですが、私が個人的に注目しているのは日暮里です。この駅は山手線のほかJR常磐線、京成電鉄、日暮里・舎人ライナーなど複数の路線が乗り入れていて交通利便性は非常に高いものがあります。グローバルな仕事をしている人にとっては、日暮里駅から京成スカイライナーを使えば成田空港までのアクセスは約40分と快適です。

駅の東口方面は鶯谷から続くラブホテル街で、あまり良好な環境とは言えませんが、西口側では「谷根千」としてご紹介した下町情緒溢れる街並みを堪能できます。

秋葉原も交通利便性の良さで群を抜いています。この駅はJRの山手線と、京浜東北線、総武線が十字に交わり、東京メトロ日比谷線を使えば、銀座や六本木方面にもアクセスができます。つくばエクスプレスにより茨城県方面へのアクセスにも優れています。

秋葉原というと、かつては電気街、今ではカルチャーという印象が強く、あまり住む「街」という印象はありませんでしたが、最近は観光客が増加したこともあって飲食店が増えましたので、生活上の不便さはかなり無くなりました。東京の東西南北へスムーズにアクセスできる立地のよさを鑑みるに、秋葉原は人が住む「街」としてより発展する可能性を秘めているかもしれません。

山手線の内側はどうでしょうか。

たとえば神保町は古くからの古書店街ですが、都営地下鉄三田線および新宿線、東京メトロ半蔵門線が乗り入れるなど、いまや一大ターミナル駅となりました。とりわけ半蔵門線が乗り入れてからは大手町や日本橋方面、あるいは青山、渋谷方面へのアクセスが飛躍的に向上し、通勤する人にとっては便利な立地となっています。

神保町の古書店街。2018年11月14日、編集部撮影

周辺は学校も多いので若い人も多く、カフェやレストランがいくつも並んでいます。かつてにくらべて少なくなったというものの、それでもまだ書店や古書店が残っており、文化的な香りに包まれ、生活していくうえでの潤いを感じることができるおすすめの「街」です。

飯田橋も住みやすいかもしれません。

ＪＲ総武線と東京メトロ東西線、有楽町線、南北線に都営地下鉄大江戸線と五つの路線が集まる駅は都内でも有数です。背後に神楽坂の飲食店街を控え、外濠を渡った千代田区側には東京警察病院跡地を中心に建設された飯田橋グラン・ブルームがあり、住環境は良好です。

欠点は飯田橋駅の使い勝手の悪さでしょうか。この駅は一つの駅と言いながらそれぞれの路線がかなり離れており、ここで気軽に乗り換えようとするとしんどい思いをすることになります。

山手線の外側に目を転じると、最近注目されているターミナル駅が北千住です。この駅ではJR常磐線と、東京メトロ日比谷線、千代田線、つくばエクスプレスの4路線が交わっています。特に千代田線は大手町や表参道、代々木方面に繋がるので通勤にも便利です。

この街は近年、東京藝術大学や東京電機大学をはじめとする数多くの大学のキャンパスを誘致することに成功しました。その結果、どちらかと言えば労働者の「街」だった雰囲気は一新。若い人向けのお洒落な雑貨店や飲食店が増え、アパートやマンションを借りる学生が増えました。

街の雰囲気が変わったことを嫌い、昔を懐かしむ人もいるようですが、住宅価格が安いうえ、通勤に便利な北千住は、「住みたい街ランキング」でも穴場的な存在として認知されるようになりました。

押上も注目です。この駅は都営地下鉄浅草線と京成押上線が通るだけの鄙びた駅でしたが、東京メトロ半蔵門線が繋がることで都心へのアクセスが飛躍的に向上しました。また東京スカイツリーができたことも後押しして人気の駅になっています。

これからは働き方改革が進み、モバイルなどの通信手段が発達すれば、就業形態は劇的に変わり、都心のオフィスに通勤する必要性が薄れていくことが予想されます。それでも交通利便性は通勤だけに限られるものではありませんし、これからもその価値は一定限度残るでしょう。

各路線の特徴と沿線の発展を理解し、あなたの住む「街」選びに取り入れていっていただければと思います。

■学生街に住む

――江古田、目黒区駒場、茗荷谷、豊島区目白など

学校のある「街」に住む、という選択肢があります。

ただし学校とは言っても、小学校や中学校、あるいは高等学校の近くに住むのはあまりおすすめしません。というのも、東京にあるこれらの学校はおおむね敷地が狭く、敷地内に建

物がびっしりと建設されていることが多いからです。

構造上、授業終了ごとに鳴るチャイムが学校の外まで鳴りひびく。グラウンドを使う体育の授業や部活はもちろん、運動会や文化祭などが行われるととても騒々しい。風の強い日はグラウンドからの土埃がひどいし、通学時は歩道に子供たちがあふれて歩けない、などなど。不動産屋としてはネガティブな意見をよく耳にします。

高校までの学校の多くは地域社会と隔離されて建っているケースが多く、「街」との一体感が感じられないのも「学校近くに住む」という選択肢がなかなか思い浮かばない、その一因かもしれません。

では大学の近くに住むのはどうでしょうか。

学校周辺の「街」に出て飲食などの消費をする学生や教職員が多くなるので地域に活気がでます。大学の場合、建物は敷地内にゆったりと余裕をもって建設されることが多いので、日陰などができにくく良好な街の環境が保たれます。

緑が豊かなうえ、構内を自由に散歩できるようなキャンパスも多くあります。私が通っていた東京大学などでも、駒場と本郷、それぞれのキャンパス内に自由に人が出入りして、散策を楽しんでいます。今ではキャンパス内に学食だけでなく洒落たレストランがあったりして、外部の方も飲食できるようになっていますし、近くに住むことで、大学そのものを「街」の一部として組み込むことができます。

一口に「大学」と言ってもさまざまです。国立、公立、私立大学の区別もあれば、いろいろな学部学科を擁する総合大学だけでなく、東京医科歯科大学のような単科大学もあります。また女子だけが通う女子大学もあります。

長く不動産関連の仕事をしてきて感じるのは、特に国立大学や公立大学がさほど大学側から「街」に溶け込む努力をしてこなかった、ということです。その結果大学名と街の名前が一致しない印象がありました。

たとえば都内に点在する国立大学の名前を挙げれば、先述した東京大学は駒場と本郷、東京工業大学は大岡山、一橋大学は小平と国立といった立地にあります。観光地化している「赤門」を備えた本郷は別として、通っている学生やその親御さんでもないかぎり、「街」の名前からすぐに大学名を思い浮かべる、といったことはあまり無いのではないでしょうか。

公立大学になるとその存在感はますます薄くなります。

かつての東京都立大学が変遷を経て、現在は首都大学東京と名称を変えたものの、知名度の低さなどから大学名を戻す（2020年）事態になっていますが、南大沢、日野、荒川、

目白駅前。木が生い茂る場所が学習院大学。2018年11月15日、編集部撮影

晴海など比較的地味な立地に存在していることが災いしているのかもしれません。

一方で私立大学になると様相が変わってきます。慶應大学の三田キャンパスは都心一等地に、早稲田大学や駒澤大学は大学名と所在地が一致するほど地域に結びついています。明治大学の駿河台、上智大学の四谷、学習院大学の目白なども「街」の名とキャンパスが一体となって存在しています。

一般的には総合大学のほうがキャンパスは大きく、学生数が多いことから「街」への影響は大きくなります。たくさんの学生が大学近くのアパートやマンションを借り、飲食店や雑貨店を利用します。学園祭なども盛大に行われるため「街」の知名度が上がります。今だと学生がＳＮＳなどを使い、自ら情報発信をしてくれるのでその影響もあるでしょう。

それに比べて単科大学は学生数も少なくキャンパスもそれほど大きくないものが多いので

「街」への影響力は弱まります。特にどこでも出入り自由とはいかない医学系や薬学系などは、むしろ「街」とは隔絶した感じになりがちです。音楽系や美術系、芸術系なら、学校は小さくとも華やかなイメージがあるうえ、一般向け講座や学園祭などを通じて地域交流も活発に行われていることから「街」と溶け込んでいるところも多いようです。

女子大学があることで女子学生が周辺を多く歩けば、流行のお店や美味しいレストランが出店しますし、「街」全体が華やぐような印象があります。当然、そうした女性が多い地域には若い男性も姿を現すでしょうし、全体としては「街」が元気になるはずです。

では大学のある「街」に住むとしたらどこが良いでしょうか。

好みはあるでしょうが、個人的には学習院大学のある目白、日本大学芸術学部と武蔵野音楽大学がある江古田、お茶の水女子大学のある茗荷谷、明治学院大学のある白金、駒澤大学のある駒沢、東京大学教養学部のある駒場あたりはおすすめです。いずれも若い人々が行きかい、大学と「街」がしっかり繋がっていて、とても活力のあるエリアだと感じています。

■公園・役所の近くに住む

――江東区猿江恩賜公園、文京区六義園、世田谷区砧公園など

公園には、都市公園法に基づく都市公園と都市公園法に準ずる都市公園以外の公園があります。このほかにも自然公園法に基づく自然公園があることはよく知られていることかと思います。

東京は緑の多い都市と言われていますが、ではたして都内にはどのくらいの数の公園が存在しているのでしょうか。

まず都市公園は、2016年4月現在で8089箇所、面積にして5834haあります。そのうち国営の公園が2箇所で合計176ha。立川市と昭島市の間にある昭和記念公園と、江東区有明にある臨海広域防災公園がそれです。

都立公園は82箇所、合計で2017haあります。都立公園にもいろいろありますが、よく目にするのが「恩賜公園」という名称です。これは宮内省が戦前に御料地として所有していた土地が下賜（恩賜）され、公園として整備された場所を指します。たとえば「井の頭恩賜公園」という正式名を持つ井の頭公園のほか、上野恩賜公園、猿江恩賜公園、有栖川宮記念公園がそれに該当します。また庭園としては旧芝離宮恩賜庭園、浜離宮恩賜庭園があります。

さらに都営公園として代表的なものには青山公園、日比谷公園、代々木公園、砧公園、石神井公園、光が丘公園などがあります。庭園としては清澄庭園、小石川後楽園、六義園という3箇所があります。

意外と見すごされがちですが都市公園には動物園や植物園、霊園も含まれます。動物園は恩賜上野動物園、多摩動物公園、井の頭自然文化園、植物園としては神代植物公園と夢の島熱帯植物館。霊園としては青山霊園や下町の話題で紹介した谷中霊園など、都内に7箇所あります。

都市公園以外の公園としては都内で３５８５箇所、１９３２haあります。これらには住宅地内にある児童遊園や、公社公団が設置した住宅地内の公園などが該当しています。規模も小さいものがほとんどです。

では自然公園法に基づく自然公園で東京都にある公園は、などとなると、マニアックなクイズの領域に入りますがお付き合いください。

まず国立公園としては小笠原、富士箱根伊豆、秩父多摩甲斐の3箇所です。なぜ伊豆が、と思われたかもしれませんが、伊豆には東京都に所属する大島、新島などの伊豆七島が入っているためです。国定公園は高尾山。都立の自然公園は高尾陣馬、滝山、多摩丘陵、狭山、羽村草花丘陵、秋川丘陵という6箇所です。

大きな公園の近くに住むメリットは何でしょうか。なんといっても公園は多くの緑や開けた空間を「街」へと提供してくれます。気楽に出かけてリラックスできますし、特に小さな子供のいる家庭にとっては、公園はお金があまりかからない憩いの場になります。

公園の前のマンションに住めば、窓からは豊かな緑の借景となり、住んでいても気分が良いものです。公園は基本的には開発されたりして、大きな建物が建つ心配もほとんどありませんので、景観は保証されたも同然です。

一方で、大きな有名な公園になると街の外からも大勢の人が訪れてきます。桜の季節や紅葉などになると、街は人でごった返し騒音やごみの片づけなどマナー違反が悩みの種です。晩秋には大量の落ち葉の処理に追われる街もあります。

しかし、一般的には大きな公園のそばに住むことにはメリットが大きいと思われます。私自身も現在借りている都内のマンションは六義園に近く、朝の散歩やジョギングにはとても良い環境です。また近隣には都市公園ではありませんが、東京大学所管の小石川植物園もあり、緑の環境には事欠きません。

では都内にある公園近くの「街」に住むならどこが良いでしょうか。

井の頭恩賜公園のある吉祥寺や三鷹台は「街」と公園が見事に一体化されたエリアで、交通の便も良い街です。清澄庭園や木場公園から猿江恩賜公園にかけて広がる下町一帯なら住み心地が良さそうです。

染井霊園。夕暮れ時にもかかわらず散歩をする人が行きかう。2018年11月14日、編集部撮影

世田谷区の砧公園付近も、住環境がいいところです。このエリアは用賀駅から遠く、交通量が多い環状八号線に面しているため、本来なら不動産評価が悪くなりそうなものですが、公園があるおかげで価値を高く保っている印象があります。

霊園の近く、などと聞くと嫌がる人も多そうですが、23区内の大きな霊園についてはおおむねよく整備されており、単純に「嫌悪施設」などと呼べないものです。先述した谷中霊園や青山霊園もそうですが、ＪＲ巣鴨駅の北側に広がる豊島区駒込の染井霊園などは樹木が生い茂った閑静な環境ですし、「街」と霊園が違和感なく共存しています。

公園や霊園と同様に公営施設である役所や支所、出張所、公民館、図書館などの近くに住むことには、もちろんそれぞれのメリットがあるでしょう。特に地域の活動に積極的な人や高齢者などには近隣に公民館があればそこで開催されるイベントや各種活動にも参加しやすいですし、退屈しないかもしれません。役所や公民館は災害時の拠点にもなりますから、情報入手先や避難先としても近くにあれば安心です。

■住まいの値段に振り回されるな

以上、東京のなかに存在する「街」を特性に沿って大きく分類してみました。「住まいを構えてみたい」と思えるような場所は見つかりましたでしょうか?

これまでの日本人の住まい選びにバイアスをかけてしまっている概念として、「住まいが値上がりするか」「値下がりするか」という価値観があります。実際、週刊誌の特集などで「値上がるマンション、値下がるマンション」といった特集を組むと売れ行きが良いと聞きます。

しかしこれからの住まい選びでは、この「住まい=資産」という考え方と早く決別したほうが良いようです。

私は生業として多くの不動産投資を手がけ、そのお手伝いもしてきましたが、「投資」としての不動産と「住む」という意味を持つ不動産は全く異なるものだと痛感しています。投資の世界は「買って、運用して、売ってなんぼ」の世界です。住まいを「買って住む」あるいは「借りて住む」ということと、概念が全く異なります。いざ「住まいを売ろう」と思っても、自宅が対象では俊敏に行動ができませんし、投資の世界はどの分野でもそうなのですが、結局、湯水のごとくお金を使える大きな組織が圧倒的に強いというのが原則です。一般人が活躍できる場面は極めて限定的で、中途半端に手を出せば巨大なリスクを背負わされるだけ、ということを肝に銘じるべきです。

ここ数年、不動産業者の宣伝で「あなたの住まいはこんなに値上がりしています」などと自宅投資を煽る内容のものが目に付きます。確かに「リーマンショック」があった2008年から2014年くらいまでの間、東京都内で売り買いされた住宅のうちの一部で、値上がり傾向が見られたのは事実です。

ただし住宅価格が値上がりしたここ数年の動きは、建設費の上昇で新築マンションが値上がりしたことと、それにつられて一部の中古マンションが値上がりしたことが要因としては大きいと思われます。単純に需要が高まって価格が上がったわけではないのです。

当たり前ですが「値上がり」とは言え、利益は実際に売ることができてようやく生まれるもので含み益はあくまで「含み」に過ぎません。もし自宅を売るなら、別の場所に引っ越すことになりますが、仕事や家族の都合もいろいろとあるでしょう。それらをグズグズと調整していれば、不動産投資マーケットの中で利益を得ることなどできません。そして「買い替える」ということは、新しい自宅をすでに「値上がり」している状況で買わなければならないことを意味します。これでは生じた利益を次の自宅へと付け替えただけに過ぎません。

逆に「住まいの値段が下がった」といって嘆く人がいます。しかし、そこに住んでいるかぎりにおいて、所有者であるあなたが困ることなどほとんどないはずです。

むしろ地価が下がれば、毎年請求される固定資産税や都市計画税が下がる期待も生まれます（もっとも、固定資産税評価額は時価とは連動しませんが）。息子や娘に「いざ相続」と考えた場合でも資産評価額が下がったからといって、それで「住み心地」が悪くなるわけではありません。評価額が下がれば、相続税も下がります。

あえて一般の人に影響が出る状況と言えば、何かの事情で住宅ローンが返済できなくなり、住まいを売却して借入元本を返済しなければならない状況に追い込まれたときくらいでしょうか。その場合は元本より担保価値が低くなったせいで、差額分を多く負担することになるかもしれません。

ただ、これまでにはこうした自宅担保価値のダウンに人生を左右されている人が少なからずいます。特に多いのは平成初期に自宅を買った団塊世代から、2018年現在で50歳前半くらいまでの世代です。

彼らは不動産が高騰を続けていた時代に多額の、そして金利の高いローンを組んで返済を続けてきました。その途中、リストラや自らを含めた家族の健康問題などにより、自宅を手放す必要が出てきた場合に先述のような状況となり、「自宅を処分してもローンが返済できない」状況にまで追い込まれてしまったのです。

しかし住まいの選択肢が増加するこれからは、家の値段の上下に一喜一憂するような視点を捨て、あくまで自分が住みたい、生活の根を下ろしたいと思える「街」をじっくりと、背伸びをしない範囲で選ぶべきです。

消費者金融の広告ではありませんが、きっとこの先、住まいの購入はますます「計画的に」行うべき選択となっていくのです。

第4章

輝く街、くすむ街

この区ならあの「街」に住もう

■この区ならあの「街」に住もう

これからの住まい選びは、ただ単に交通利便性の良い場所だとか、お洒落な街並みへの憧れで選ぶものではありません。まして住宅ローンの支払い可能額やマンションブランドだけで選ぶものでもなくなります。これまでのように住まいが「一世一代のお買い物」という時代が終わってしまうからです。

つまり、これから先は、あくまで自分のライフステージやライフスタイルに応じた「街選び」をする時代になるということです。住まいを「買う」もよし、「借りる」もよし、今よりも、もっと柔軟な思考で捉えることができるのです。

前章ではこれから先に東京で暮らすことを考える意味で、参考になるような「街」が持つ特徴をご紹介してきました。それぞれの「街」には長所もあれば短所もあり、また一方で、万人にとって完全に満足できる「街」も無いように思います。

本章ではこの前提に立ち、東京23区にフォーカスしたうえで各区別にどんなところが「住む」という意味で注目されそうか、セレクトをしてみました。またこれは非常に難しい判断になるのですが、同じ区内でももう少し特徴を出すべき、もしくは頑張っていただきたい、と感じた「街」についてもあえて触れてみました。

なおここでの評価とは、決して「街」そのものの優劣を語っているものではないということは最初にお断りしておきます。また一部の方が期待するような、マンションが値上がりする、もしくは値下がりするエリアという視点も含んでいません。

そもそも誰だろうと自分の住む街、ましてや育った街を「ダメな街」などと書かれて快いはずがありません。もし「くすむ街」として名前が挙がっていたのなら、私がその街の魅力に気づけていないだけ、ということでご容赦いただければと思います。

たとえば先述した『23区格差』では、23区間の格差が紹介されており、この本で書かれていた文京区に対する評価は、現在そこに住む私が読んで、あまり納得のいくものではありませんでした。しかしこれも著者である池田氏の、私と異なる角度から見た評価なのであって、これはこれで一つの見方であるとも思われました。

ここでの視点は何度も申し上げますが、東京の学校を出て東京の会社に就職し、東京以外で働いたことがない私の、そして不動産を扱うために東京中の街を見て回り、商売のタネとしてきた私の勝手な判断です。

では独断と偏見の入り混じった東京の街評価、お付き合いください。

千代田区
磐石なブランドと中途半端さが同居する

輝く街：番町、富士見
くすむ街：東神田、岩本町

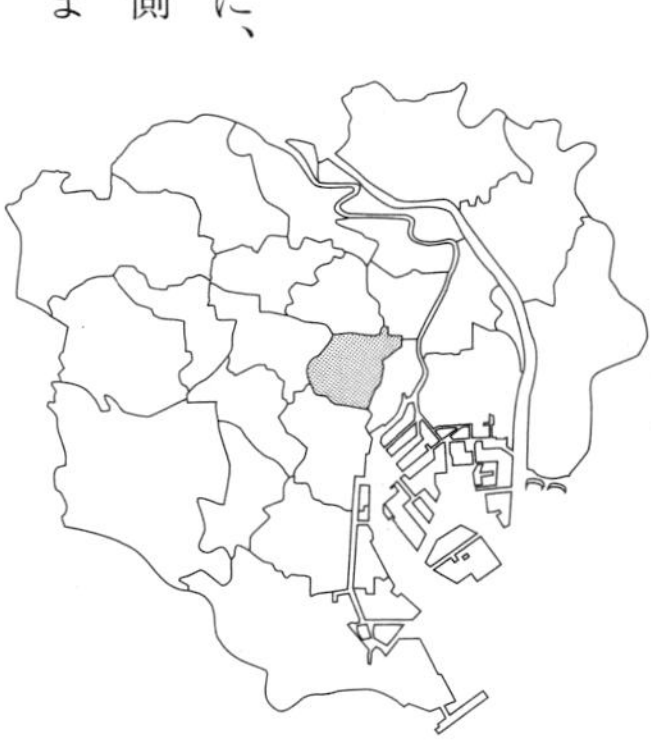

千代田区は武蔵野台地の東端である番町、麴町を起点に、南側は赤坂見附まで下った後に青山方面に上り、また北側には九段から市谷、飯田橋にかけて高台が形成されています。そもそも、住宅地とされる範囲は大変狭い区です。

かつて番町と麴町には鉄道が走っていませんでした。ブランド住宅街のために必要がなかったのかもしれませんが、多くの人が働き始めた現代にあって東京メトロ有楽町線と半蔵門線が整備されたことで、ブランド住宅街の中でもアクセスが良いという、さらに一段上のステージへと進化しました。

そんな番町には、今でも大手デベロッパーが高級マンションを供給し続けています。２０１８年10月現在、新築マンションの坪当たり単価も７００万円を超え、１０００万円に近付

大小のビルが連なる神田のオフィス街。2018年11月14日、編集部撮影

く気配すらあります。この地域のマンションを買う層というのは、落ち着きのある高齢の経営者や医者、弁護士といったプロフェッショナル層が多い印象があり、あまり変化を好まない一方で住む「街」が持つ文化や歴史にこだわり、誇りを持つ人たちが選ぶエリアです。そうした意味で番町・麴町のブランドは今後も磐石と言えそうです。

飯田橋駅の千代田区側にある富士見町も区内の数少ない住宅地域の一つです。飯田橋駅の利便性と外濠を背負った住環境の良さは特筆ものですが、大学や病院も整っているため、あらゆる世代の方に住み良い「街」です。

一方、暮らす場所としての魅力があまり感じられないのが東神田や岩本町といった、区の東側でしょうか。

神田には企業や飲食店が多く集まっていますが、オフィスビルの経年劣化やオーナーの高齢化という問題を抱えており、発展が滞っている印象を受けます。戦後の高度成長期に元気だった中小企業を中心としたオフィス街、たとえば港区の新橋界隈や品川区の五反田界隈も似た構造にあります。

神田よりさらに東に位置する東神田や岩本町となると「働く」にも「住む」にも、より中途半端な立地となっています。

都営地下鉄新宿線と東京メトロ日比谷線がこのエリアを走っていますが、新宿線はその名前のわりに東京の中心部をやや外れているために使いにくいし、日比谷線はカーブが多いので速度が遅いのです。銀座から北は築地、八丁堀と中央区でも東のはずれを通るのもまたその評価を押し下げています。エリアの南部をかすめるJR総武線も、駅が地下にあることから地上の賑わいを創出するに至っていません。

問屋街の機能は薄れつつあり、さりとて都心居住の受け皿としての住宅地にもなりきれていないのがこのエリアの悩みの種と言えるでしょう。

中央区
如実な「街間格差」がある区

輝く街：大伝馬町、人形町
くすむ街：晴海、堀留町

中央区は昭和30年代頃には人口が15万人程度ありましたが、地価が高騰するにつれて人々は郊外へと移住し、人口は急激に減少していきました。そして１９９７年（平成9年）には人口は7万２０００人と往時の半分程度の水準にまで減少しました。ところが、この年をボトムに劇的に改善した中央区の人口は、２０１８年現在で16万人を超えるに至っています。

この人口増加を牽引したのが、月島、勝どき、晴海といった湾岸部の「街」です。これらの中でも月島や勝どきは今後も生き残っていくと思われます。この二つの「街」は江戸からの文化を今に引継ぎ、観光地としての側面を備えつつも、交通の便は有楽町線と都営大江戸線を備えており、隅田川一つ越えるだけで都心部にアクセスできる、という高い利便性を備

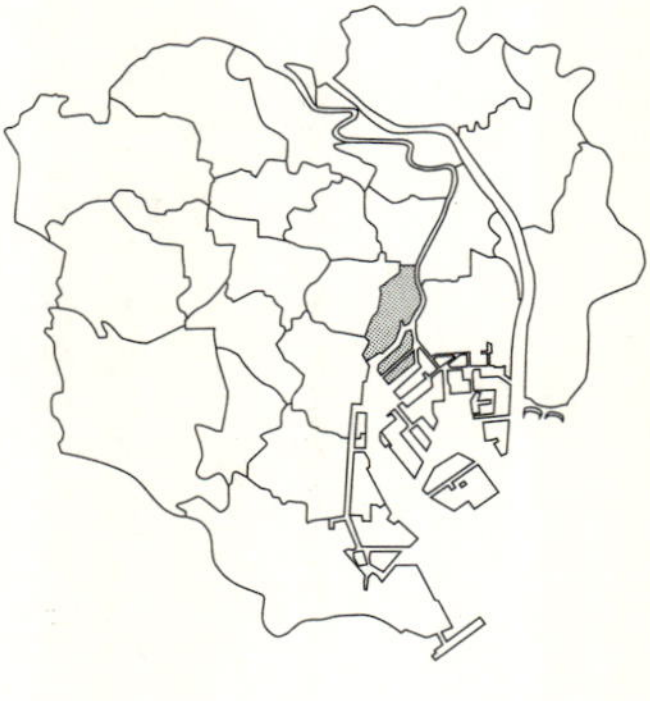

えているからです。

一方で晴海には鉄道路線がありません。東京五輪の開催後、選手会場跡地には４１４５戸のマンションが分譲される予定となっています。都はここにＢＲＴ（Bus Rapid Transportation）を設け、バス通勤を推奨しているようですが、専用レーンを設けずに、毎日毎朝の通勤がスムーズに行くとは思えません。

日本橋と隅田川の間のエリア内は都内でも「街間格差」が生じ始めているところです。日比谷線沿線の北千住に東京電機大学などの大学が増え始めていますし、日本橋や大手町に通勤する若い社員がこのエリアに出来た新しいコンパクトマンションを買ったり借りたりする流れが生まれていることから、大伝馬町、小伝馬町周辺には若い人の姿が目立ち始めました。さらにそうしたお客さんを目当てとした若者向けの商店や飲食店も増え、利便性に着目した、ビジネスホテルの建設が増えています。

また人形町は江戸下町の文化が色濃く残った「街」です。昔ながらの飲食店や物販店が軒を連ねていて都心へのアクセスもよく、歴史と文化を感じながら生活できるエリアです。

しかし堀留町は同じエリアながら問屋街からの脱皮に苦しんでいる印象があります。都内に古くからある問屋は徐々に店をたたみ始め、街にはオフィスビルと最近ではコンパクトマンションも建ち始めています。ところが堀留町については、今も目立った開発が無いうえ、商業店舗が少ないままで、街を歩いても活気が感じられません。

すでに都内各所で問屋街からの脱皮が模索されている昨今、「街」の特徴をどこに出すのか、新しいステージへの脱皮が待たれます。

港区
開かれた街と閉ざされた街の混在

輝く街：泉岳寺、青山
くすむ街：愛宕、芝浦

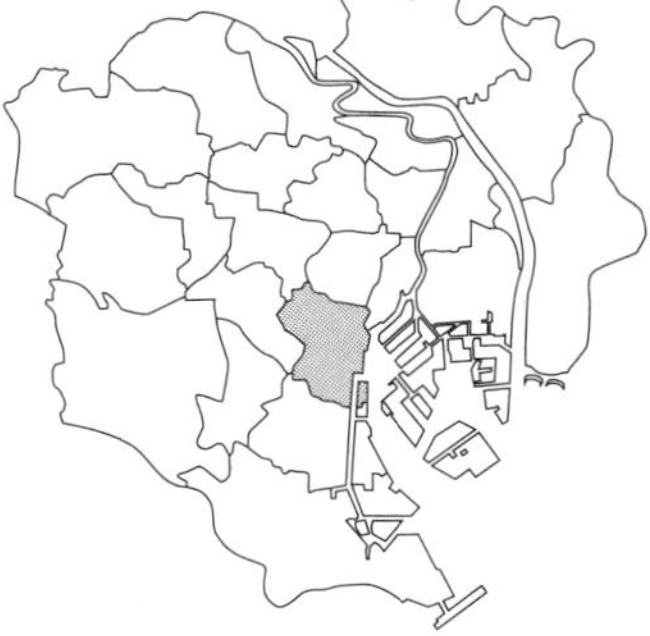

総務省調査などを通じて、港区は23区の中でも「年収が最も高い区」と評されることが多いようです。確かに地図上を俯瞰すれば「住みたい街ランキング」の常連街やブランド住宅街が目白押し。その中でもあえてどこを選ぶかを掲げるなら、私の場合は青山でしょうか。

青山は「職」「住」「遊」が見事に調和しています。六本木もそうかもしれませんが、日本を代表する繁華街である六本木に比べ、そこまでの猥雑さはなく、凛として落ち着いた佇まいの街です。世界的なラグジュアリーブランドのブティックが立ち並ぶ青山通りから少し入れば、都心とは思えないくらい閑静な街並みが広がり、それでいて昔ながらの商店も残っているなど、流行の最先端とノスタルジーが同居した心地好いエリアです。

泉岳寺周辺は地名としては高輪になりますが、駅から伊皿子坂を経て魚籃坂に至る街並みに魚籃寺や正山寺といった寺社があります。またこのエリアが属する山手線の品川駅と田町駅の間には2020年までに新駅、高輪ゲートウェイ駅の暫定開業が控えています。新駅開業は、1971年の西日暮里駅の開業以来、約半世紀ぶりです。また新駅開業とともに約13haにも及ぶ駅前の再開発も予定され、オフィスや商業施設、ホテルなどが建設されています。環境整備がなされれば、泉岳寺周辺は多くの人が集まる街となるでしょう。

泉岳寺エリアはこれまでJRの駅から遠いうえ、最寄り駅が都営地下鉄ということでどちらかといえば低い地位に甘んじてきた印象がありますが、これから大化けしそうです。

一方で都心にあっても、発展からやや取り残されつつあるのが西新橋、芝浦です。私は新橋に事務所を構えていますが、2014年3月新橋・虎ノ門間に環状二号線（マッカーサー道路）が開通した後、街に如実な変化が生じました。

駅までの距離としては変わりないものの、幅員が広くなった道路を渡るには信号のある場所まで移動しなければならなくなったことで、道路の南側部分にあり駅から遠くなった新橋五丁目、六丁目、西新橋三丁目から愛宕にかけては人の流れが分断され、同時に賑わいがなくなってしまいました。実際、愛宕近辺の飲食店では撤退が相次ぎ、オフィスには空室が増えました。ビルも昭和に建てられた古いものが多く残っており、結果としてどこか寂しげな「街」となっています。

芝浦はバブルの頃に芝浦四丁目、通称「田の字地区」とも呼ばれる埋立地に多くのオフィスビルが建設されました。その後、近辺に位置する芝浦アイランド地区にはタワーマンションがいくつか建っています。

しかし地理的に捉えれば運河の中にポツンと孤立したエリア、という印象が否めません。場所によっては夜暗く、交通の要の田町駅まで徒歩10分以上かかるなど、まるで絶海の孤島です。大都会・東京のイメージからは忘れがちですが、海に面している以上塩害も大きい環境です。

オフィス中心の開発が行われた地域ですが、オフィス街としての評価は高くなく、住居としての交通利便性も必ずしも良好とは言えません。今後の発展可能性は少ない街のように感じられます。

新宿区

さまざまな言葉が飛び交う区

輝く街：四谷、市谷
くすむ街：大久保、百人町

新宿区と聞くと、西新宿の超高層ビル群を想像しそうですが、区内の多くは住宅地です。山手線と明治通りが区内をほぼ南北に貫いており、この東西でだいぶ雰囲気が異なるのがその特徴です。

山手線の東側は面積が広く、武蔵野台地の東端にあたる四谷、市谷は外濠を挟んで中央線が走っています。このあたりには本書で何度か登場したようにブランド住宅街とされる場所が数多くあります。

四谷は駅西口から「しんみち通り」と呼ばれる飲食店街が連なり、三丁目から荒木町にかけては雰囲気の良い居酒屋やお洒落なバーが軒を連ねます。外食が多い人ならこの近辺、たとえば本塩町あたりに住めば困ることはないでしょう。四ッ谷駅前も、２０１９年度に超高層オフィス、住宅、商業施設や学校などからなる駅前再開発事業が完成します。飲食に便利というだけでなく、また新しい「街」の顔を見せてくれそうです。

四ッ谷駅の南側の若葉町、須賀町なども良い雰囲気です。須賀町は寺が多いためか緑も多く、新宿通りから少し入った若葉町はブランド住宅街になっています。銀行員だった頃、私はこの「街」を担当していましたが、「ごきげんよう」や「あそばす」といった「山の手言葉」がまだ使われていたのが印象的でした。

四谷、しんみち通り。飲食店が多く集まっている。2018年11月15日、編集部撮影

市谷から北上して神楽坂付近に至るエリアは小さな「街」に分かれており、市谷砂土原町や市谷薬王寺町など美しい街並みが続きます。この一帯は牛込と呼ばれ、昔から高級住宅地として知られています。かつては交通の便が悪かったのですが、都営大江戸線の開通により利便性も改善しています。

また区のほぼ中央部、靖国通り沿いに

ある富久町も閑静な住宅街です。ここは市街地再開発組合による再開発ビルが竣工し、発展が期待されています。

一方で四谷、市谷から新宿駅に近づくにつれて「街」の雰囲気はだいぶ変わります。山手線と明治通りに挟まれたエリアにある大久保は「コリアンタウン」として名を馳せていた時期がありましたが、現在ではこれにイスラム系の住民も多く合流したことでさまざまな言葉が飛び交い、場所によって混沌とした雰囲気になっています。大久保駅の西側の北新宿は柏木と呼ばれたところで、すでに住民の4人に1人以上が外国籍とされています。異国好きの人にはたまらないと思いますが治安にはやや不安が残ります。

山手線と中央線が分岐するエリアにある百人町は、新大久保駅と大久保駅に跨がる「街」です。このエリアにも外国人が多く住み、独特な雰囲気を醸し出しています。お店をやるには新宿至近なのに家賃が格安なため、ここを重点的に狙う事業者もいますが、住む街としてのイメージからは遠いと言わざるをえません。

渋谷区

東京五輪の核として注目

輝く街：代々木上原、千駄ヶ谷
くすむ街：幡ヶ谷、南平台

渋谷区といえば、渋谷駅を中心とした区と考えがちですが、実は区の北端はほぼ新宿駅、南は恵比寿駅近辺にまで及ぶ南北に長い区です。

新宿寄りのエリアをあらためて俯瞰すれば、やはり代々木近辺が住み良い「街」でしょう。代々木上原は小田急線と東京メトロ千代田線の2路線が使える駅で、千代田線は表参道や赤坂、霞ヶ関から大手町方面にアクセスが良く、企業の幹部や文化人、芸能人が多く住んでいます。特に駅の南側の上原、富ヶ谷、北側の元代々木、西原、大山町あたりはおすすめです。用途地域や容積率の関係でタワーマンションも少ないし、代々木公園をはじめとした緑に恵まれているため、住むには良い環境です。

千駄ヶ谷もおすすめの「街」です。北側に新宿御苑、西側に代々木公園、東側に神宮外苑を控え、南には原宿、神宮前といった飲食・物販に強いエリアも近い立地です。お隣の新宿区信濃町には慶應義塾大学病院もあります。神宮外苑は東京五輪に向けて新国立競技場を中心とした開発が急ピッチで進んでおり、五輪後は野球場やラグビー場、テニスコートを暫時整備する構想が発表されています。ここまであらゆる機能がそろった場所は東京でもほとんど存在しませんが、千駄ヶ谷はそれがすべて満たされた「街」と言えます。

一方、同じ新宿近接でも甲州街道沿いの幡ヶ谷や本町は、歩いてもあまり風情を感じないエリアです。

幡ヶ谷は準工業地域が広いために町工場が多いうえ、京王線の幡ヶ谷駅は地下にあり、駅から出口を出れば甲州街道上を高速4号新宿線の高架が覆いかぶさっている状況になっています。そうした環境が、結果として「街」としての雰囲気を損なってしまっているように思われます。

新宿駅までわずか2駅というアクセスのよさは特筆すべき点ですが、京王線から接続している都営新宿線が東京の中心部へとアクセスできないことから、全体としての交通利便性にも高い評価を付けることができません。

渋谷寄りのエリアでは、松濤から恵比寿近辺にかけてブランド住宅街が連続します。しかし、どの「街」も渋谷駅まで何とか歩ける一方で、鉄道やバスなどの交通の便が抜群に良いか、と言えばそうでもありません。特に渋谷駅から玉川通りを上った先にある南平台は、鉄道へのアクセスとして井の頭線の神泉という小さな駅があるのみです。

南平台近辺でも新しく再開発の計画が進んでいますが、今後渋谷駅前の大規模な再開発が進む中、どこからも遠いこともあって、オフィス街としても住宅街としても、ポジションを保つのが難しいように思われます。

大田区

予見される大量相続を乗り越えられるか

輝く街：羽田空港近辺
くすむ街：鵜の木、馬込

大田区はその面積が60・83㎢。23区内で最も大きな区です。ちなみに2位が世田谷区（58・05㎢）、3位が足立区（53・25㎢）です。

東海道線と京浜東北線が区の南北を貫き、多摩川手前の蒲田から川沿いには東急多摩川線が多摩川駅まで走り、さらに東横線で田園調布駅へと繋がっています。そしてこれらの線路を挟んで、街並みが大きく変わる、というのがこの区の特徴です。

東海道線、京浜東北線の東側から京浜急行線を跨いで海側が下町。線路の西側の山王はブランド住宅街です。また多摩川線の線路を挟んだ南側も下町で、北側は池上、久が原といった閑静な住宅街となり、ここを池上線が通過しています。

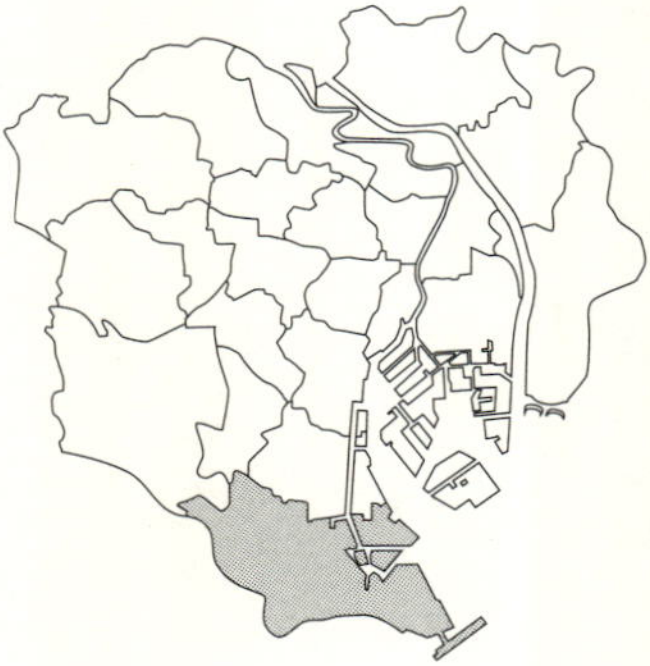

大田区で元気なのは羽田空港近辺でしょう。24時間の空港供用が始まり、訪日外国人の数が急伸したことに連動して、このエリアでの宿泊、飲食などの需要が一気に増えています。大田区内にしては比較的地価や家賃が安いこと、京浜急行が線路の高架化を進め、遅延などが少なく快適になったことが相まって、働く世代に注目されるエリアとなっています。大田区は国家戦略特区に指定され、住宅を民泊に活用する際の規制が緩いことも今後の住宅の活用を考えればメリットです。

東京スカイツリーを背後に羽田空港に着陸する飛行機。東京都大田区で。2014年８月４日撮影。読売新聞社提供

京浜急行の沿線も各駅とも庶民的な下町で物価も安い。羽田空港に近く、都心へのアクセスも悪くないため、空港で働く関係者にも人気です。

一方、東急多摩川線は魅力の少ない路線になったというのがその印象です。かつては目蒲線と呼ばれる目黒と蒲田間を走る路線でしたが、東急線が2000年8月に路線変更を行った結果、路線が分断され、すべての電車が「多摩川止まり」になりました。

以前、目蒲線時代の鵜の木駅近くに住んでいたことがあります。その頃からぱっとしない下町でしたが、交通の利便性はよく、蒲田から都心に出るにも、また田園調布から武蔵小山、目黒方面へ一足で行ける魅力がありました。それが現在、全長わずか5・6㎞の「ローカル路線」になってしまい、それに伴って沿線の駅や街もより存在感を失ったように感じられます。

大田区はそもそも古くからの住宅地が多く、このエリアに住宅を構えてきた戦中世代や、もしくは団塊世代の家で大量の相続が今後発生することが予測されています。先述したとおり2013年の住宅・土地統計調査によると区内の空き家率は14・8%。東京都全体の11・1%に比べ、すでに高い数値を示していることになりますが、今後この数値はさらに上がることが懸念されます。とりわけ馬込や池上といった古い住宅地ではこうした傾向が強まるものと予想されます。

なお馬込付近は閑静な住宅地ですが、都心と繋がるのは都営浅草線のみです。都営浅草線の泉岳寺以南は行き止まりの路線、いわゆる「盲腸線」になっています。今起こっている泉岳寺付近の発展から取り残されている印象も強く、大量相続を乗り越え、今一段の脱皮が必要なエリアだと感じています。

品川区

海岸側と内陸側で別の顔を持つ

輝く街：大井町、武蔵小山
くすむ街：八潮、鮫洲

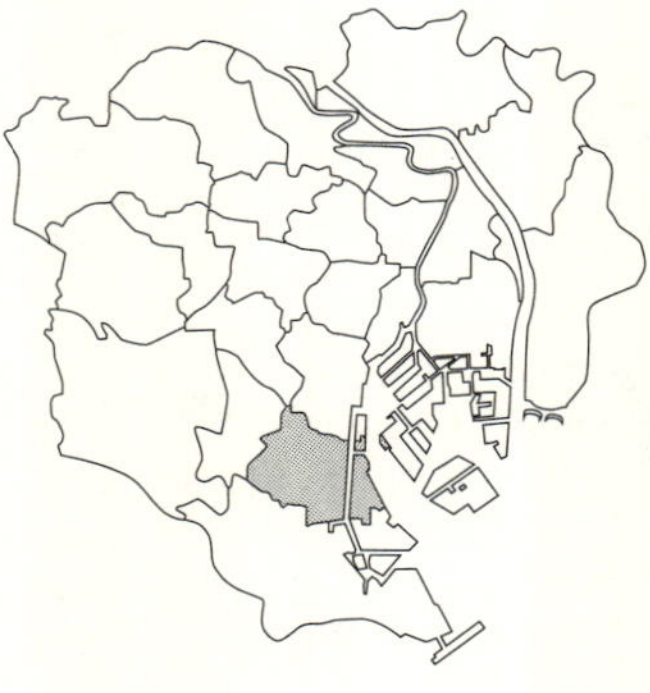

品川区というと品川駅を中心とした区と多くの人は考えがちですが、品川駅は港区にある駅であって、品川区内の駅ではありません。区は駅の南側に位置する八ツ山橋からさらに南側にあります。なお目黒駅は目黒区にはなく、品川区内に位置しています。

品川から五反田にかけての沿線はオフィス街のイメージが強いのですが、このエリアには城南五山と呼ばれる、八ツ山、御殿山、花房山、島津山、池田山というブランド住宅地が控えています。五山のうち、港区高輪にある八ツ山以外は、すべて品川区内にあります。

ビジネスや商業の中心が品川、大崎、五反田、目黒といった山手線沿線に集中する中、私が注目するのは大井町です。大井町では京浜東北線と東急大井町線が交差しており、一大ターミナル駅である品川駅まで一駅。りんかい線に乗ればお台場方面にもアクセスできるなど、高い交通利便性を備えています。そのわりに商店街や飲食店が充実した庶民的な下町で、駅前にはイトーヨーカドーやヤマダ電機もあります。それらの環境を考えれば地価も家賃もまだまだリーズナブルです。住むのにはベストな「街」と言えるでしょう。

大田区の項目でも触れた東急目蒲線の路線変更に伴い、主要幹線に昇格した感のある東急目黒線も注目すべき路線です。特に目黒区との境界付近に位置する東急目黒線の武蔵小山駅周辺は下町情緒が豊かな住宅地です。駅前には都立小山台高校がありますが、若い高校生が街中を歩き、駅前から続く商店街は中原街道の平塚橋交差点まで続きます。この平塚橋を中心に東急目黒線と池上線に挟まれた小山、荏原、平塚あたりは住環境と商業環境が融合した街で池上線の戸越銀座あたりまでは住宅地として恵まれた良い立地だと思います。

一方、魅力が感じられないのが品川区の海岸側です。大井町の東側を流れる京浜運河の先に八潮という「街」があります。ここは埋立地で一丁目から四丁目まで火力発電所やコンビナート施設などが連なり、ほとんどの人は五丁目に集中して住んでいます。1970年代から80年代にかけてUR都市機構や東京都住宅供給公社が団地を建設し、賃貸、分譲が行われてきました。

交通手段として品川、大井町、大森のどの駅からもバスで20分ほどかかるためか、賃貸は60㎡強で13万円台、中古価格でも76㎡の3LDKで3500万円台と品川区とは思えぬ安さです。ただ島内には図書館やスーパー、学校や公園などの住環境がちゃんと整っていますし、交通の利便性さえ気にならなければ、品川区アドレスを格安で手に入れることが出来るのは魅力かもしれません。

同様に京浜急行線沿いの鮫洲や立会川といった駅周辺も、住む環境としてはあまりおすすめしにくいエリアです。京浜急行沿線を選ぶのなら住環境が整い特急停車駅でもある青物横丁か、さらに南の大森海岸まで視野を広げた方が良いかもしれません。

世田谷区
求められる「脱・高級住宅地」

輝く街：三軒茶屋、二子玉川
くすむ街：大蔵、世田谷

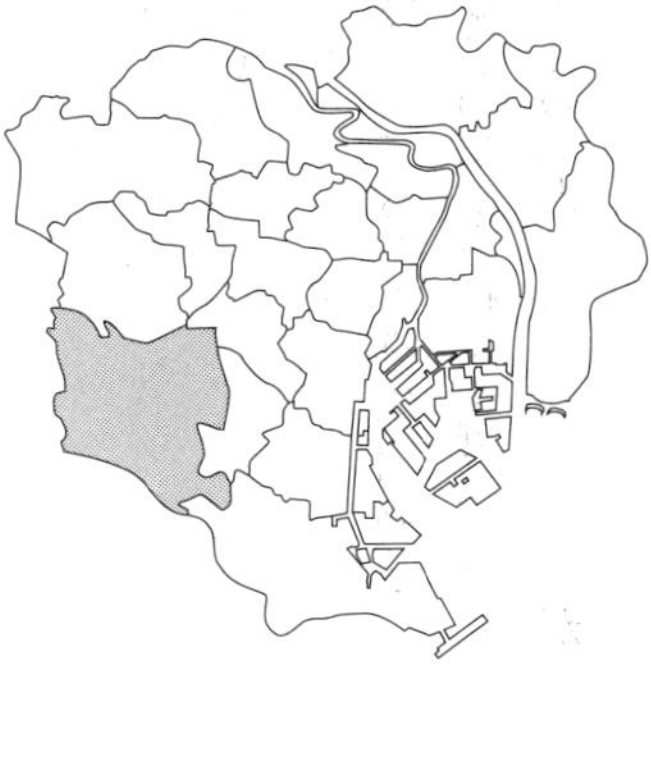

世田谷区と聞くと、一部の方には「高級住宅地」というイメージがあるようで、車のナンバープレートでも「世田谷」は人気です。

しかし世田谷区は広大で、場所によってその表情もさまざまです。鉄道だけ挙げても、都心から見て西から順に京王線、小田急線、そして東急田園都市線という三つの主要路線が北東から南西へ、区の北側では京王井の頭線が東西に、中心部の東急世田谷線、そして南側には東急大井町線が走っています。ただし世田谷区にはJRが走っていません。ちなみにJRが区内を走っていないのは23区中、世田谷区と練馬区だけです。

区内で現在、東急電鉄が開発に力を注いでいるのが二子玉川です。二子玉川ライズというホテル、オフィス、映画館、商業施設などから成る複合施設が建設され、楽天が本社を構えています。駅の反対側には髙島屋ショッピングセンターもあり、多摩川の水辺が近く自然も豊かで、住宅地としての環境は充実しています。

渋谷に近い三軒茶屋も人気です。ここは東急大井町線の起点でもあり、お洒落な商店や深夜まで営業する飲食店が立ち並び、若者が好んで住んでいます。特に三宿エリアは住宅街の各所に隠れ家的なお店が点在しているなど、「街」自体がとても個性的で、歩いて楽しいところです。

二子玉川ライズ・ショッピングセンター・テラスマーケット。マーケット内にはカフェや映画館、フィットネスクラブなどが揃う。2015年４月21日。読売新聞社提供

「高級住宅地」と呼ばれてきたのは小田急線なら経堂、成城学園、東急田園都市線では駒沢大学、用賀あたりでしょうか。京王線沿線には高級住宅地と呼べるまでの「街」は無さそうですが、芦花公園や千歳烏山などは高い人気を誇ります。

いずれも完成された街並みを形成していますが、そうした場所でこれから起こるのが、大田区の項目でも触れた相続問題です。おそらく相続の過程で広い敷地は分割され、駅から遠い物件を中心に流通性を失った物件が出回り、結果として地価が下がり、街並みも変わるでしょう。そうした事情から、私は世田谷区の「高級住宅地」がこの先も価値を保ち続けることは、一部のエリアにおいて難しくなってくるのではないかと懸念しています。

また同じ区内でも多摩川沿いの岡本や大蔵、鎌田あたりは落ち着いた住環境ではあるものの、交通の便ではポイントが低くなります。東名高速道路の用賀入口は近いので、車でしか移動しない富裕層には良いかもしれませんが、電車を移動の要とするような一般人にはやや辛そうです。

渋い人気を持つ東急世田谷線の沿線も、これから先の東京では価値を維持しにくいと思われます。世田谷線は三軒茶屋から下高井戸を繋いでいますが、そのどちらもターミナル駅とは言えず発展性があまり期待できず、いずれの駅もその周辺は古い住宅が目立ちます。

きちんとケアをしなければ、相続が発生するとともに徐々に「街」の劣化が始まるのではないかと危惧されます。

目黒区

完成された東横線に待つ未来とは

輝く街：目黒、中目黒
くすむ街：柿の木坂、自由が丘

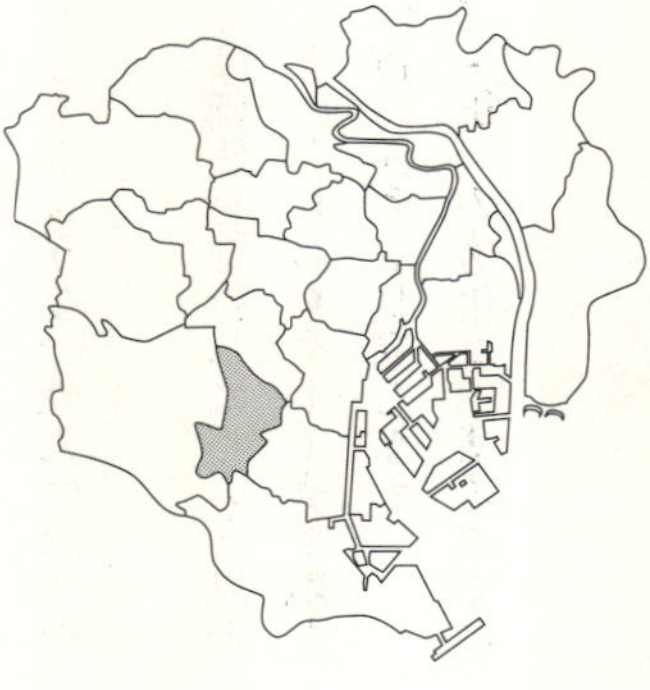

目黒区は港区、渋谷区、品川区、大田区、世田谷区の五つの区と隣接する南北に長い区です。区内を走る主な鉄道は東急東横線で、区の北西部の突き出たような部分に京王井の頭線駒場東大前駅が、南には東急目黒線の洗足駅などがあります。

都心に向かう主な道路は駒沢通りと目黒通り、これに碑文谷付近で環七が、中目黒と大鳥神社で山手通りが交差しています。

目黒区で面白いのは区の北西側、港区や渋谷区に近いエリアでしょうか。

たとえば井の頭線の駒場東大前駅には、東京大学教養学部のキャンパスがありますが、鬱蒼とした緑に囲まれた気持ちの良い場所です。

中目黒はお洒落な商店や飲食店が立ち並ぶ一方で、昔ながらの商店街もあり、下町の雰囲気を残しています。駅の西側の上目黒、東山には閑静な住宅地が続いています。私は中目黒駅前の市街地再開発にかかわりましたが、賑やかな商店街の後背地には静かな住宅街が広がっており、住むのに理想的な環境だと実感しました。

また、実は区内にない駅ですが、ＪＲ目黒駅周辺も注目に値するエリアです。駅の南西に目黒雅叙園、北西には庭園美術館の緑が眩しく、坂を下った山手通りの先には下目黒の住宅地が広がります。目黒駅は東急目黒線が東京メトロ南北線と都営三田線に接続したことで、都心へのアクセスが飛躍的に向上しました。駅までの坂がかなりきついのが難点ですが、このあたりも住むにはおすすめです。

東急東横線に乗って車窓を眺めれば、祐天寺あたりから学芸大学、都立大学、自由が丘まで戸建てやマンションが立ち並びます。特に学芸大学駅周辺の鷹番や目黒通り近くの碑文谷は昔からの住宅地で、駅前には充実した商店街があるので住み心地は良いでしょう。

ただこれまで高い人気を誇ってきた東横線沿線もほとんどがすでに完成した「街」となっていて、家並みには古さが目立ち始めています。ここもこれからの大量相続時代を経て、物件が大量に出回るエリアとなりそうです。日本有数の高級住宅地とされた柿の木坂も今後、大量の相続の発生が予見されるエリアです。これから先、何かの手を打たないかぎり、このあたりの不動産価値の維持は難しくなると思われます。

加えて最近ぱっとしなくなってしまったのが自由が丘や代官山です。かつてのショッピングタウンもネットショッピングに押されているのでしょうか、歩いているとシャッターを閉ざしたままの商店がちらほら見られるなど、かつての活況が「街」から失われつつあるように感じられます。

中野区

中野は東京人の変化にいち早く適合した成功例

輝く街：中野、新井薬師
くすむ街：東中野、鷺宮

中野区は北半分が東西に長く、それでいて南半分はすぼまった、カギのような形をしています。そのため区の北側には広範に西武新宿線が走っていますが、中央部を東西に走るＪＲ中央線の距離は短く、駅は東中野と中野の２駅しかありません。さらに区の南側には東京メトロ丸の内線が走りますが、中野坂上を起点として本線が新中野、支線は中野新橋と中野富士見町しか駅がありません。

その中でも中野駅周辺はここ数年で大きく姿を変えたエリアです。

きっかけは２０１２年、中野四丁目にあった警察大学校などの跡地に中野セントラルパークがオープンしたことにあります。それまでオフィス街のイメージがほとんどなかったエリアに、２棟の大型オフィスビルが建ち、キリンホールディングスや栗田工業といった大企業の本社がテナントとして入居。また新たに早稲田大学、帝京平成大学、明治大学などのキャンパスが開校し、若い人が行きかうようになりました。

新宿の近くに位置する中野は、もともと駅前に宿泊・音楽の複合施設である中野サンプラザ、「まんだらけ」のようなお店が立ち並ぶ複合ビルの中野ブロードウェイを構え、カルチャー色が強い場所でした。そこにまた若い人たちが新たに流入したことで活気が生まれています。

古くからの商店街だった中野サンモールにも気の利いた居酒屋や商店が並ぶようになり、まさに「働く」と「暮らす」が両立した、トレンドを捉えた「街」へと変貌を遂げました。

中野セントラルパークなどが整備された「中野四季の都市」。2014年５月24日撮影。読売新聞社提供

その中野から中野通りを北上すると五差路があり、正面に神社と薬師があります。このあたりは新井薬師と呼ばれ、新井薬師公園や新井天神通りを歩いていくと平和の森公園があり

ます。ここには下水道局の水処理センターがあり、綺麗な芝生の公園になっています。あまりに元気になり過ぎた感のある中野駅前の雑踏から離れ、あえてこのあたりに住むのも良い選択かもしれません。

中野駅から新宿寄りに進むと中央線の東中野駅があります。新宿区との境目となる神田川に接したエリアですが、こちらはあまりぱっとした印象がありません。特に駅のすぐ西側を幅員の広い山手通りが貫いているせいか、「街」としての統一感が損なわれてしまっています。

都営大江戸線の駅もありますが、駅前には居酒屋やパチンコ屋が並んでいるくらいで、ややうらぶれた街並みになっています。中野や新宿に比べれば家賃は安いのですが、各駅停車しか止まらないし、なんとも中途半端な印象が否めません。

西武新宿線方面もあまり元気のない「街」が多いように思えます。中井や新井薬師前を過ぎ、野方や都立家政、鷺ノ宮あたりとなると、さほど特徴の無いこぢんまりとした街並みが続きます。西武線の沿線の特徴は駅前が発達していないことにあります。駅のすぐ前から雑多な商店街や住宅街になっていて、人が集まるスペースが残されていません。せいぜいスーパーマーケットの西友があるくらいです。

また西武新宿線は東西に走るだけで、途中ターミナルと呼べるような駅もほとんどないため、朝夕などは駅の南北から押し寄せるバスや自転車で駅前がゴチャゴチャになっています。これまでは増加し続ける人口を収容すべく延伸を続けてきた西武新宿線沿線ですが、東京に住む人のライフスタイルの変容とともに曲がり角を迎えているように思われます。

杉並区

「JR沿線が強く、郊外ほど弱い」典型

輝く街：高円寺、西荻窪
くすむ街：久我山、方南町

杉並区は区の北側から順に西武新宿線、JR中央線、東京メトロ丸の内線、京王井の頭線が東西に走っています。すべての鉄道が都心に向かっており、3路線が新宿を目指し、井の頭線だけが渋谷に接続しています。隣の中野区は南北を都営大江戸線が貫いていますが、杉並区にはそういった鉄道はありません。

私は杉並区宮前にある都立西高校に通っていましたが、南北を行き来する交通機関が限られており、杉並区や練馬区から通う生徒の多くは自転車かバスを使って通学していました。

杉並区の場合、おすすめはJR沿線に偏りそうです。駅前がゴチャゴチャした西武線と異なり、高円寺や阿佐ヶ谷などはロータリーが整備されています。自動車は旋回でき、自転車の駐輪場もちゃんと確保されています。

高円寺駅の北口を出ると商店街が続きます。ねじめ正一さんの小説の舞台となった純情商店街には昔からの飲食店や雑貨屋が並び、昭和レトロの雰囲気が漂います。また駅周辺には神社や寺があり、毎年8月下旬には駅前通りで東京高円寺阿波おどりが開催されます。そうした駅前の喧騒とは異なり、この地域は大通りから外れれば閑静な住宅街が広がっています。築年数の古い物件が目立つものの、若者向けのアパートも多く家賃も割安です。

同じ中央線沿線でのおすすめは西荻窪でしょうか。西荻窪は駅前ターミナルがありません。大型の商業施設もないのですが、駅前からみっちりと商店が軒を連ねていて生活に必要なあれこれはそこですべて賄えます。

お洒落感はあまりないかもしれませんが、質の高い飲食店も多いことから、遠くから足を運ぶ人も多く見られます。駅の南北には閑静な住宅街が広がり、都心にアクセスの良いこのエリアは東京西部でも屈指の住みやすさを誇ります。

一方、区の南側を走る井の頭線沿線にも永福町や浜田山など、有名な住宅街が点在していますが、このエリアにはかなり高齢化の波が押し寄せてきています。同じ沿線で、かつてのブランド住宅街と呼ばれた久我山では、相続の問題などから住宅が多く売りに出されるも、その値段とニーズの乖離からなかなか売却が決まらない、といった事例が聞こえ始めています。かつての人気タウンであっても、中途半端に都心まで遠いということで競争力を失う、という典型例でしょう。

中野区との境目にある方南町もあまり良い印象がありません。都心まで延びる丸の内線の始発駅とはいえ、中野坂上駅での乗り換えが必要な「盲腸線」だからでしょうか。また日常的に多くのクルマが行きかう環七沿いにあるため、住環境もあまり良いとは言えず、おすすめしにくいエリアです。

練馬区

必要なのは「人口増加の受け皿」からの脱却

輝く街：練馬、江古田
くすむ街：光が丘、大泉学園

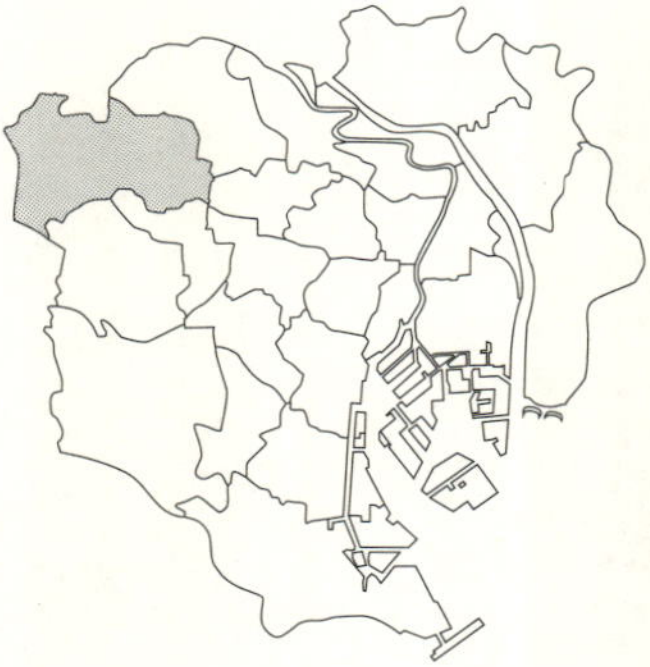

練馬区はその東西を西武池袋線が貫いています。西武新宿線も区の南側を通っていますが、駅としては上石神井と武蔵関しかありません。区の北東部は東京メトロ有楽町線が小竹向原、氷川台、平和台を通り、成増方面へと抜けています。なお東武東上線には東武練馬という駅がありますが、住所は練馬区ではなく板橋区に位置しています。

ともあれ、いずれも池袋を通過するということもあり、練馬区は元来「池袋文化圏」に属していると言えそうです。光が丘のみ、都営大江戸線にて都庁前に繋がっていますからかろうじて「新宿文化圏」と言えるかもしれません。

練馬区は西武鉄道の沿線を中心に高度成長期から現在に至るまで、東京の人口増の受け皿としての役割を果たしてきました。沿線に住む会社員は西武線に乗って池袋に出、そこから都心のオフィス街に向かったのです。

この役割自体は今も変わっていません。ただし「ブランド住宅街を作る」といった戦略を持たずに「通勤」に重点を置いたベッドタウン造りが行われたこと、あまり駅前を整備しなかったことなどから、沿線に特徴のない駅ばかりになったきらいがあります。加えて区内を南北に走る鉄道が存在せず、ターミナル駅を作れなかったことも単調な沿線イメージに繋がっているようです。

こうした状況は、都営大江戸線の開通によって多少改善されました。練馬駅では西武池袋線と都営大江戸線が交わり、池袋と新宿の両方のターミナル駅へアクセスできるようになりました。さらに隣駅の桜台まで東京メトロ有楽町線が延伸し、当時このエリア全体の不動産価値はかなり上がりました。

そうしたやや特徴の無い西武池袋線の中でも駅徒歩圏に武蔵野音楽大学や日本大学芸術学部、さらに名門校、武蔵中学・高校と系列の大学がある江古田駅近辺は面白いエリアになっています。特に音楽と芸術系の学校があるのは周辺の雰囲気を明るくします。私は銀行員時代にこの二つの大学を担当していましたが、華やかなキャンパスを歩くのは密かな楽しみでした。

一方で都営大江戸線が繋がり、新宿へのアクセスを確保した光が丘では高齢化が止まりません。初期の頃に分譲された地域の高齢化率は、区のデータによれば一部で50％を超えています。大江戸線の始発と言っても方南町と同様この線も盲腸線です。盲腸線の始発駅は見方を変えれば終着駅。終着駅は人気がない、というのが最近の不動産業界の定説でもあります。

衰退が予想される街として、さらに大泉学園があります。東京都の人口が急激に増加する中、特に昭和から平成初期にかけて人口が増えてきましたが、現在となっては都心に出るのに相当時間がかかることから敬遠されるようになった印象があります。現に、人口が増え続けている練馬区にあって、平成29年度の住民基本台帳によると大泉町や大泉学園町は人口が減り始めていました。

都営大江戸線の延伸計画もありますが、どうなるかはまだ分かりません。むしろ今後、住民による相続の大量発生が明らかである以上、それを踏まえた「街」の行く末が今問われています。

豊島区

「池袋以外」に目を向けてみれば

輝く街：巣鴨、大塚
くすむ街：東長崎、池袋本町

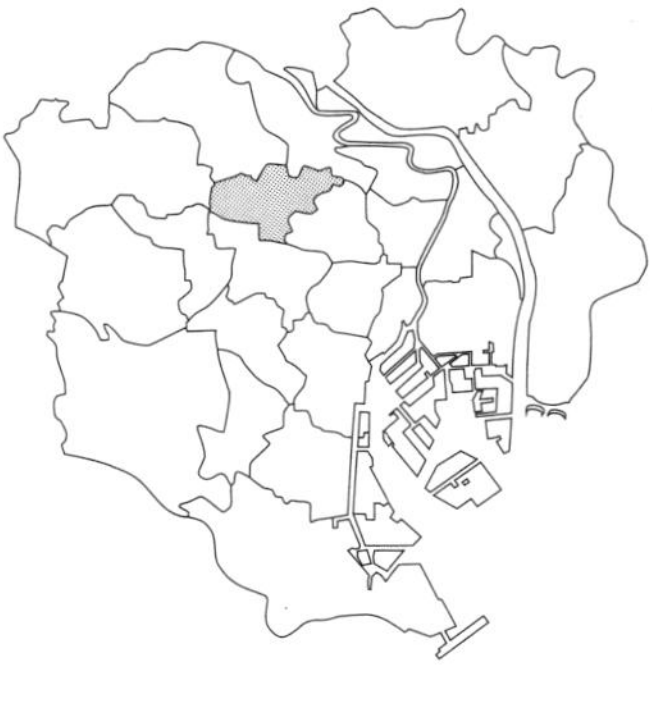

豊島区は区の中央部に池袋がでんと構え、そこから区内各処へと鉄道網が張り巡らされています。池袋駅にはＪＲ山手線、埼京線、新宿湘南ライン、東武東上線、西武池袋線、東京メトロ丸の内線、有楽町線、副都心線の８路線が乗り入れ、一日当たりの乗降客数が２６２万人を数える大ターミナル駅です。

しかし２０１４年、豊島区が日本創成会議から全国に８９６ある「消滅可能性のある自治体」の一つに名指しされてしまいます。また豊島区は23区内では空き家率が15・８％（２０１３年）と都の平均の11・１％を大きく上回っており、「都区部で最も空き家が多い」といううれしくないレッテルまで貼られてしまいました。

この状況の背景には、人が集まる池袋周辺のマンションの多くが投資用の手狭なワンルームばかりで、ファミリーが住めず、結婚をした単身者が池袋から出てしまう、といった悪循環が存在しています。そこで区ではワンルームマンションの建設規制などを進めていますが、規制前に建てられた物件が今も駅周辺に多く、これが池袋を「住む街」として選ばれにくくする原因になっています。

山手線沿線を選ぶのならば池袋より大塚や巣鴨のほうが住みやすいかもしれません。大塚は、駅周辺に飲食店や商店がひととおりそろい、通好みの居酒屋が軒を並べています。特に南大塚は落ち着いた住宅街で、最寄りの東京メトロ丸の内線の新大塚駅からは大手町や銀座、霞ヶ関方面へ容易にアクセスできます。

巣鴨は駅周辺に一部風俗街が残るものの、駅北側にある染井霊園は旧水戸徳川家の墓所で敷地面積は6・8haにも及びます。敷地内はよく整備されて緑が多く、住民の憩いの場となっています。巣鴨はとげぬき地蔵でも有名です。「とげぬき地蔵」とは、高岩寺という曹洞宗の寺院の通称ですが、地蔵通り商店街には毎日大勢の買い物客や観光客が訪れ、とても賑やかです。

先述した池袋は北口を中心に急速にチャイナタウン化が進んでいます。

ここに集まる中国人の多くは「新華僑」と呼ばれる1980年代以降に日本にやってきた

人たちです。横浜や神戸、長崎などの中国人たちは「老華僑」とも呼ばれますが、彼らとは世代が違います。もともとこの近辺は風俗店が多く治安もあまり良くありません。繁華街周辺に位置する上池袋や池袋本町はその影響を受け、やや住みにくくなった印象があります。

さらに西武池袋線沿線がぱっとしないのは練馬区の項目で述べたとおりです。西武線の東長崎駅付近は、あまり特徴がありません。

池袋北口の雑居ビル。中国語の表記が目立つ。
2018年11月14日、編集部撮影

商店街が栄えていて物価が安く、それでいて家賃も手ごろなので生活コストとしては良いと思うのですが、開発の余地が残されていないことから、「これから」という意味ではあまり期待できないように感じています。

文京区

ターミナル駅以外はすべてある

輝く街：本駒込、茗荷谷

くすむ街：湯島

文京区は千代田区、新宿区、豊島区、北区、台東区、荒川区と隣接しています。つまり東京、上野、池袋、新宿といった東京の主要ターミナルにアクセスが良いということです。逆に言えば、区内には人が集まるターミナル駅は存在しないとも言えます。

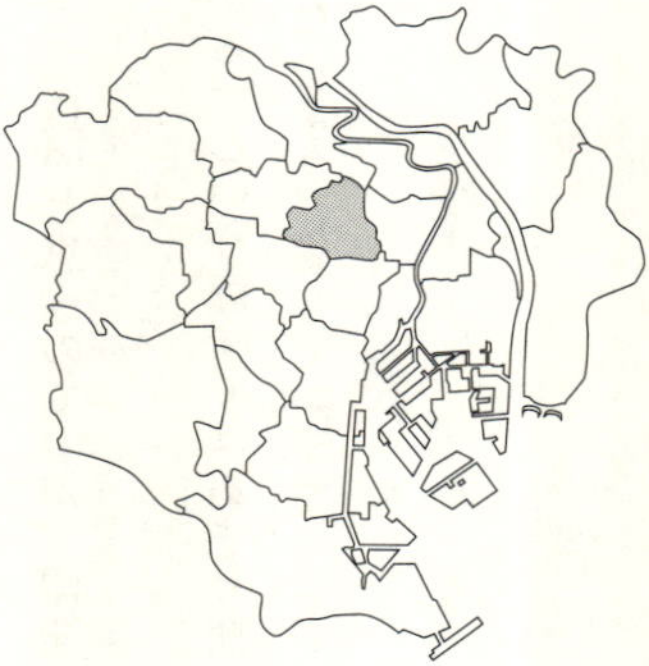

私は現在、平日は文京区内の賃貸マンションに居を構えていますが、住んでみると、確かにどこへ出かけるにも便利な立地だと感じます。都心に近いわりに学校や公園が多く緑も豊かです。バス網も発達しているから、区内を移動するのにも支障がありません。

東京メトロ有楽町線、丸の内線、南北線、千代田線、都営三田線といった区内を通る鉄道は基本的に南北へ、千代田区との境目である神田川方面へと続いています。その先にあるのが東京ドームのある飯田橋や水道橋、そして御茶ノ水駅です。都営大江戸線のみ、東京ドームの北側を東西に抜け、そのまま御徒町に辿り着くという変わった経路になっています。

有楽町線の護国寺駅と丸の内線の茗荷谷駅に挟まれたエリアはブランド住宅街です。お茶の水女子大学や跡見学園、筑波大学の付属中学校、高等学校、拓殖大学などが学園街を形成し、音羽通り沿いには出版社や老舗の菓子屋などが立ち並び賑わいがあります。さらに音羽の南の小日向は南に多くの寺を構える閑静なブランド住宅街となっています。

白山通りの北東側の本駒込には落ち着いた風情の邸宅が並びます。ここには都営の庭園である六義園があり、深い木立に覆われた佇まいが残されています。ここは徳川綱吉の側用人だった柳沢吉保の下屋敷として造営された大名庭園。春には庭園内の桜が、秋には紅葉がライトアップされ、地元のみならず多くの人が詰めかけます。六義園周辺のマンションは六義園を借景にしており、大変に美しい街並みとなっています。

東京大学弥生キャンパスや本郷キャンパスのある周辺も、学生街ですから飲食店もあるし、寺の多い静かな環境で住むにはおすすめです。なお弥生から言問通りの坂を下れば根津に着き、そのまま「谷根千」巡りも楽しめます。

本郷三丁目の交差点から湯島天神に向かって坂を下っていくと湯島に出ます。かつて花街

湯島の飲食店街。2018年11月15日、編集部撮影

だった湯島にはラブホテルが林立し、飲食街とともに猥雑な印象を残しています。

今では廃業したホテル跡にマンションが建設されたり、激増する訪日外国人客をあてこみ、ラブホテルから普通のホテルに改装されたりしているところが目立つようになりました。あてずっぽうな開発でこの先湯島がどこに連れて行かれるのか、若干心配です。

板橋区
東京での立ち位置が問われる

輝く街：大山、成増
くすむ街：赤塚、蓮根

板橋区は池袋の北から北西に延び、荒川へと接する区です。区内を走る主な鉄道は東武東上線と都営三田線。JR埼京線も浮間舟渡付近で一部交錯しますが、区内を行き来するうえでは先の2路線が主な役割を果たします。東武東上線は区の主要部である大山、ときわ台を通り、成増に至ります。成増の手前、下赤塚駅からは東京メトロ有楽町線が並走します。

区内で私がおすすめするのは大山です。駅前には大規模な「ハッピーロード商店街」が延び、よくテレビなどに紹介されています。ここはもともと「大山銀座商店街振興組合」と「協同組合大山銀座美観街」が1977年に合併してできた商店街で、大山駅と川越街道を結ぶアーケードの全長は560m、1日の買い物客は2万5000人にも及ぶとされます。

近辺には住宅地が広がり家賃や物価が安く、加えて大ターミナル駅である池袋へのアクセスも抜群というまさに住みやすい「街」です。

成増も期待できそうです。東上線と有楽町線に加え、副都心線が乗り入れを始めたことにより、池袋から新宿、さらに渋谷から接続する東横線によって横浜方面へのアクセスが至便になりました。駅の北口にはロータリーが整備され、ACTという商業施設やアリエスという図書館や郵便局、ハローワークなどが入る複合施設があります。南口は「スキップ村」という昔ながらの商店街があり、とても賑やかです。ここはモスバーガー発祥の地としても知られています。

一方、成増の手前となる赤塚には下赤塚駅と地下鉄赤塚駅があるものの、あまり特筆すべき点が無く、まさに「街間格差」の様相を呈しています。区立美術館や郷土資料館、さらに東京大仏などがあるのですが、いずれも駅からかなり遠く、「街」の特徴を打ち出せていない印象があります。

都営三田線では蓮根から西高島平までのエリアは、住民の高齢化が始まっています。特に「団地に住む」という項目で紹介した高島平団地は半世紀前から開発が行われていたこともあって高齢化率が41・1％にまで高まっており、とりわけ分譲された団地においてその傾向が顕著です。この地域もやはり大量の相続が生じることが予想され、新しく移り住んだ外国人住人らとのコミュニケーションを通じて新しい「街」を築けるのか、それとも分譲エリアに空き住戸が増えて一部スラム化するのか、分水嶺にあると思われます。

地理的な事情を考えると、高島平あたりだと都心に出るにはそれなりの時間がかかり、住職近接の傾向が強い今時の勤労者から敬遠されがちです。今後は区内に働く場を増やして「街」の発展に繋げていくなど、東京での立ち位置がさらに問われることになりそうです。

北区

「新駅」に左右された街々

輝く街：赤羽、西ヶ原
くすむ街：浮間、豊島

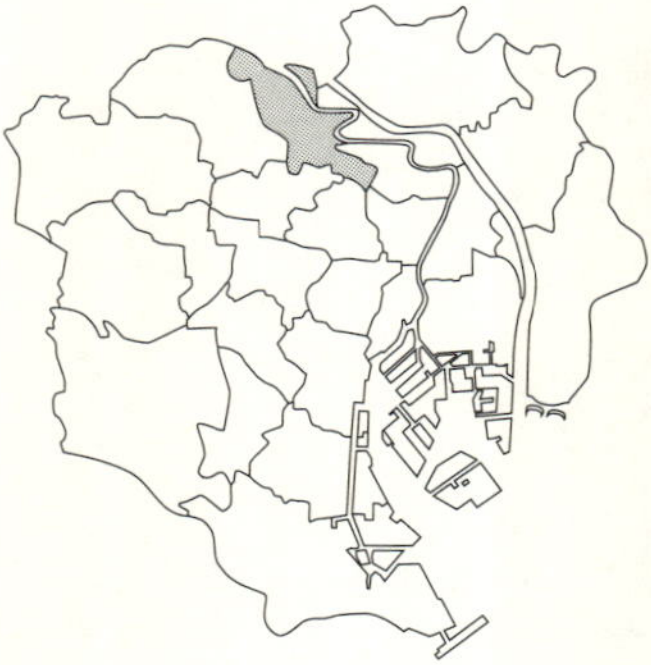

北区は山手線の田端駅の先あたりから北に延び、埼玉県との境を流れる荒川まで続く細長い区です。山手線は田端から西に曲がり駒込方面に走っていますが、並走していた京浜東北線と東北本線は北西へと続きます。

王子を過ぎて赤羽に至ると新宿、池袋方面から埼京線が合流してきます。赤羽からは京浜東北線、東北本線は隅田川、荒川の二つの川を渡って川口へ、埼京線は東北上越新幹線と並走して隅田川を渡り、北赤羽、浮間舟渡を経て荒川を渡り、戸田公園へと続きます。

北区のちょうど真ん中を都電荒川線が横断しています。全長12・2㎞の荒川線は現在では「東京さくらトラム」と呼ばれ、新宿区早稲田から東池袋、大塚を通り、飛鳥山から王子に入ります。王子駅を過ぎてから線路は大きく曲がり、荒川車庫、町屋を経由して荒川区の三ノ輪橋へと繋がっています。

北区の行政の中心は王子です。王子の駅前は高台の飛鳥山公園です。この公園は江戸時代からお花見の名所として愛されてきました。飛鳥山公園から本郷通りを渡れば、西ヶ原という北区屈指のブランド住宅街が広がります。ここには旧古河庭園という古河財閥の庭園が残されています。

その西ヶ原、古い住宅街ですから住民の高齢化も進んでいますが、1991年に東京メトロ南北線の駅ができたことで交通利便性が格段に向上しました。駅近辺にあまり商店がないのが弱点ですが、南北線を使えば溜池山王や六本木方面へのアクセスは快適です。

赤羽はリクルート社の住みたい街ランキングの「穴場編」では北千住に次いで第2位になるなど近年人気となりました。なんといっても駅前に広がる充実した商店街、驚くほど安い居酒屋など庶民に優しい「街」なのがその理由です。赤羽から板橋区の本蓮沼へ向かった先にはオリンピック選手のトレーニング施設の一つ、国立スポーツ科学センターがあり、東京五輪を前に盛り上がりを見せています。

南北線は京浜東北線から離れた川沿いエリアの交通難解消にも一役買いましたが、カバーできなかったところもあります。たとえば隅田川が大きく蛇行する場所に位置する豊島周辺などがそれです。場所によっては最寄り駅まで徒歩で30分ほどかかりますし、近辺には賑わいを生むような施設もほとんどなく、閑散とした印象を受けます。

埼京線開通により新駅ができた北赤羽や浮間舟渡は、荒川と隅田川に挟まれた中州のような場所に立地しています。駅前から広がる浮間公園は浮間ヶ池から荒川土手に繋がるあたりに良い雰囲気があるものの「街」そのものの賑わいが希薄です。この周辺なら赤羽まで出るか、そうでなければ川口側に渡ったほうが、商店なども多く生活しやすいのではないでしょうか。

荒川区

賑わいのある場所が限定的

輝く街：町屋、日暮里
くすむ街：三河島、尾久

荒川区は、その名前からして荒川沿いにあるかと思えば、実は区の北側はすべて隅田川の岸辺で荒川とは接していません。

鉄道としては日暮里から町屋を抜ける京成本線とほぼ並行して走る東京メトロ千代田線があり、ＪＲ常磐線は日暮里から大きく蛇行しながら三河島を通ったのち、南千住で三ノ輪方面から来た東京メトロ日比谷線に繋がります。どの路線においても荒川区に位置する駅はいわば途中駅といったニュアンスが強く、目立った駅としては日暮里と町屋、南千住あたりでしょうか。

日常の足としては北区の項目でも紹介した都電荒川線（東京さくらトラム）が荒川車庫前から三ノ輪橋まで、区を横断する形で走っています。

JRや京成線など多くの線路が通る日暮里駅。
2018年11月14日、編集部撮影

荒川区に住むなら町屋でしょうか。町屋は千代田線、京成本線と都電荒川線が交わっているため交通の利便性はとても良いです。特に千代田線と繋がることで大手町や霞ヶ関、表参道方面へのアクセスが良いので使い勝手が良いでしょう。商店街も充実しており物価が安く、下町情緒も残っています。また隅田川沿いまで行けば荒川自然公園があり、緑も豊かです。

日暮里も、鶯谷方面に行くとラブホテルが多くなり、住環境としてはあまりおすすめできませんが、東日暮里あたりに住むのならば悪くないでしょう。

商業施設が整っている日暮里は、山手線を使えば上野、秋葉原、東京方面へのアクセスも極めて良く、京成本線のスカイライナーを使えば成田空港へわずか36分で到着できます。日暮里から北には日暮里・舎人ライナーという新交通システムが２００８年から運行され、足立区方面に住む人の通勤の足になっています。

駅の反対側に向かうと台東区になりますが、こちらでは谷中霊園の緑を楽しむことができます。山手線沿線で交通利便性が悪くなく、商店が充実していて生活するのに困らない駅として、実は日暮里はかなり理想的と言えます。

同じＪＲでも常磐線の三河島、もしくは宇都宮・高崎線の尾久などはあまり特徴が見当りません。どちらの駅も上野まで繋がっていて、そこから上野東京ラインを使えば品川駅までアクセスできるのですが、さほど人気がありません。

三河島は駅前から町工場が多く商業店舗もあまりないため、日暮里と北千住の間に埋没したような状況になっているのが、その原因かもしれません。

尾久の駅自体は北区にありながら、住民は北側の荒川区方面に多く住んでいます。ここは駅の南側一帯が操車場になっているため、人の流れが分断されています。また明治通りに面している北口も商店が少なく、活気が感じられません。加えて、この駅も発展著しい赤羽と上野の間にあって、やはり埋没している感が強いです。そうした事情を鑑みるに、荒川区で住まいを探すなら日暮里、町屋の二択に絞られる印象があります。

台東区

観光客急増を背景に活力があふれる

輝く街：上野、浅草
くすむ街：蔵前、御徒町

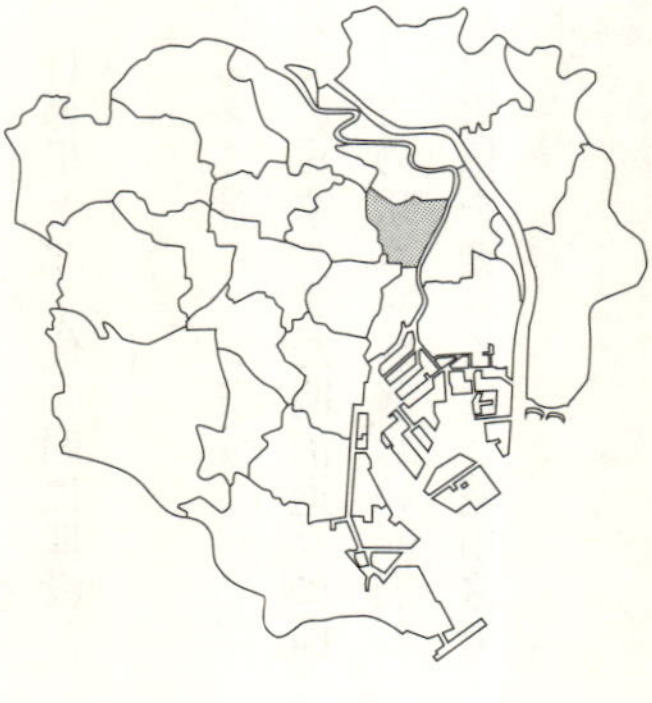

台東区は東京23区の中で最も面積の小さな区でわずか10・11㎢しかありません。しかしその中に魅力がギュッと詰まった区とも言えます。

その中心地はやはり上野です。上野駅には山手線、京浜東北線、宇都宮・高崎線、常磐線などのJRの基幹となる路線、東北、上越、長野、北陸の各新幹線に加え、東京メトロ銀座線、日比谷線も含めて多数の鉄道が走っています。上野東京ラインの開通によって、JR主要幹線の多くが東京からさらに先の品川まで繋がることになり、「通過駅化した上野が地盤沈下する」などと言われましたが、どっこい、「街」自体の魅力もあり、今も変わらず多くの人が行きかっています。

台東区のもう一つの顔と言えば浅草でしょう。浅草には東京メトロ銀座線、都営浅草線、東武スカイツリーラインの3路線に加えて、少し離れたところにつくばエクスプレスの駅ができ、交通の結節点となっています。

上野、浅草は交通の要所であるばかりでなく、訪日外国人による東京観光の中心地となっており、休日は人であふれかえっています。当然、こうした観光客向けの商業店舗やホテルなどが林立し、この二つの地域を中心に不動産価格も高騰しています。これまで住むためにしか使われなかった家が民泊へ転用されるケースも多く見受けられます。

上野公園。大河ドラマ「西郷どん」放映で賑わう西郷隆盛像。2018年11月14日、編集部撮影

いずれも飲食店や商店が多く、江戸情緒を随所に残した住み良い「街」です。それぞれの良さがありますが、どちらかを選択することになるなら上野でしょうか。ここの良さはやはり駅の西側にある上野公園です。上野公園には有名な不忍池や動物園、東京国立博物館、東京都美

術館、科学博物館、さらには東京文化会館など、憩いの場から芸術・文化の殿堂まで目白押しに並んでいます。アメ横に行けば食料品はなんでも手に入りますし、商店・飲食店も多数軒を連ねる。これほどあらゆる方面で充実した「街」は、東京どころか日本でもなかなかありません。

実際に上野に住むなら喧騒を避け、入谷あたりが良いかもしれません。入谷は入谷鬼子母神が有名で、毎年夏は入谷朝顔まつりで賑わいます。浅草に住むのなら、やはり喧騒を避け、七福神のある千束あたりがよさそうです。

全般的に活況を呈している台東区ですが、都営浅草線沿線はその賑わいにやや取り残されている感があります。

たとえば国技館のあった蔵前は、江戸通りの喧騒が残るくらいで、ややさびれた街になっていました。近年カフェが出来たりして若者で賑わってきているので、その活力に期待したいところです。問屋街の御徒町は、通販の活況などの影響か、かつてより元気を失った印象があります。これまでのような商人だけを相手にした閉鎖的な「街」から脱却し、観光客や新参者までを受け入れる、広く開けた「街」へと変容する必要があるのかもしれません。

足立区

北千住の成功を生かすことができるか

輝く街：北千住、西新井
くすむ街：小菅、花畑

足立区は南西部と東部を川が分断しています。南西部は荒川と隅田川が互いにくねくねと蛇行して流れており、東部は中川が葛飾区との境となっています。足立区は川に囲まれた区なのです。

鉄道を眺めてみると、ＪＲ常磐線が北千住から区の南の縁を縫うように進み、綾瀬の先で葛飾区へと抜けています。東武伊勢崎線は荒川縁の堀切から北千住を通って小菅、西新井、竹ノ塚方面へと向かい埼玉県の草加方面へと走っています。かつて区内を走る鉄道は、東武伊勢崎線が南北に貫いていくだけで、交通利便性が低い区でした。それが２００５年につくばエクスプレスが開通して東部の交通状況が改善され、さらには２００８年、荒川区の項目で登場した日暮里・舎人ライナーが見沼代親水公園駅まで開通。交通事情が大幅に改善され

ました。

足立区と聞けば「治安が悪い」「不良だらけ」など殺伐としたイメージを抱く東京人は未だに多いと思います。２０１２年の総務省調べによれば23区中、区民の平均所得も最下位ですし、お洒落な「街」も区内に見当たらない印象があります。

そこにきて、大きな変化が生じた「街」があります。それが北千住です。２００５年２月、区では人口の減少に伴い、学校の統廃合を進める一方で跡地の活用として、文化や芸術、産業の誘致に力を入れる「足立区文化産業・芸術新都心構想」を掲げました。その結果、東京電機大学、東京藝術大学をはじめとした五つの大学の招致に成功。２０２０年にはさらに文教大学の進出も決定しています。こうした教育機関の相次ぐ進出によって若い人が集まり、マンションが立ち並び、「街」の雰囲気はがらりと変わりました。

東武伊勢崎線の西新井駅西口はコミカルな犬が登場するテレビＣＭでお馴染みの日清紡の工場がありましたが、その土地のほとんどを都市再生機構が取得。２００７年から10年にかけて暫時、商業施設や住宅、公共施設などを整備して「西新井ヌーヴェル」を開発しました。ここを歩くと「ここが足立区？」と失礼ながら呟いてしまうほどの瀟洒なマンション街となっています。

北千住駅前に移転した東京電機大学のキャンパス（中央）。ヘリコプターより。2012年４月28日撮影。読売新聞社提供

ただ厳しい見方をすれば、一歩そのヌーヴェルの外に出れば街並みに荒涼さが残っているのも事実で、再開発を通じて周辺の治安が劇的によくなった、という話も聞きません。

小菅付近まで行くと東京拘置所があるためか、「賑わい」という言葉からは距離を感じる街並みが続きます。区の北西部にある鹿浜橋から江南付近までの荒川と隅田川に挟まれた中州状のエリアは最寄り駅からも遠く、利便性が低いまま取り残されてしまっています。さらには北東部の花畑付近も、開通したつくばエクスプレスや伊勢崎線の駅からやや遠く、東京全体の盛り上がりから置いていかれている印象が否めません。

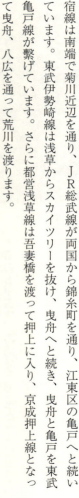

墨田区

新旧の観光地を備える

輝く街：錦糸町、押上

くすむ街：東向島、立花

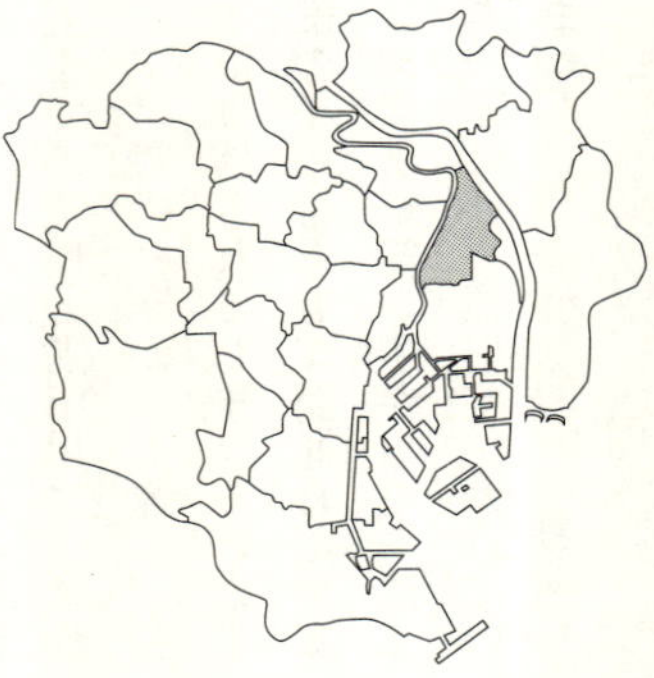

墨田区は、足立区近辺で隣接して流れていた荒川と隅田川が大きく分岐した中州のような場所にあり、南で江東区に、東で江戸川区に接しています。

交通網はかなり充実しています。区を東西に走る都営新宿線は南端で菊川近辺を通り、ＪＲ総武線が両国から錦糸町を通り、江東区の亀戸へと続いています。東武伊勢崎線は浅草からスカイツリーを抜け、曳舟へと続き、曳舟と亀戸を東武亀戸線が繋げています。さらに都営浅草線は吾妻橋を渡って押上に入り、京成押上線となって曳舟、八広を通って荒川を渡ります。

そして墨田区の利便性を圧倒的に向上させているのが東京メトロ半蔵門線です。半蔵門線は水天宮前から隅田川を渡って清澄白河を過ぎてから北へ向かい、錦糸町から押上につながります。この路線は三越前や大手町、神保町、表参道、渋谷など東京の要所を横断していく「エリート路線」です。

墨田区の「売り」として押上に建つスカイツリーがありますが、スカイツリーは国内外問わず、東京観光における定番となりました。足元の押上周辺は半蔵門線の開通と相まって、ここ数年不動産価格が大幅に上がりました。

このエリアで魅力のある「街」としては錦糸町が挙げられます。錦糸町は総武線快速の停車駅で、昔から路線主要駅の一つに数えられてきました。

駅南口の楽天地には商店や飲食店街が形成され、北口にはアルカタワーズのオフィスやホテル、商業施設、さらに北にはオリナスというオフィスビル街が整備されています。総武線に乗れば秋葉原や御茶ノ水へと繋がり、半蔵門線を使えば都心へのアクセスは快適そのもの。このエリアは適度に「職」「住」「遊」といった要素がそろっており、垢抜けてはいないかもしれませんが、バランスの取れた住み良い「街」と言えるでしょう。

元気が無いのは、向島から東向島にかけての隅田川沿いでしょうか。スカイツリーはよく見えるものの、東武伊勢崎線の曳舟以北の駅近辺を見渡すと、力のある商業施設や商店街も少なく、活気が感じられません。向島は芸者遊びができる花街として有名でしたが、昭和後期から徐々に元気を失い、往時のような面影も今ではほとんど無くなりました。

東武亀戸線沿線の立花近辺も、やや取り残された感のある「街」です。亀戸と曳舟を繋ぐ亀戸線は両駅の間にわずか3駅。接続駅も亀戸と曳舟で、そこまで利便性が高いとは言い難いものがあります。街中の団地の老朽化も進んでいます。

江戸時代よりその文化を支えてきた歴史あるエリアだけに、この先かつてのような賑わいをどのように取り戻すのか、その舵取りが問われています。

葛飾区
三つの区域でそれぞれの盛衰が
輝く街：金町、青砥
くすむ街：堀切、奥戸

大きく見て、葛飾区は三つの区域に分断されています。荒川と江戸川という大きな河に挟まれたこの区の中央を、さらに中川が流れています。中川は京成本線の青砥と京成高砂の間の高砂橋付近で分岐しているため、葛飾区は川の西側と東側、および新中川と中川に挟まれた南側に分かれているのです。

なお葛飾区役所は西側となる立石に位置しています。そのため東側や南側に住んでいる人が役所に行くには必ず中川を渡らなければならない、というわけです。

鉄道はＪＲ常磐線と総武線、京成本線、京成押上線が区を横断しています。また京成高砂駅より北総鉄道が新柴又から江戸川を渡り矢切方面へ延び、金町方面には京成金町線というローカル色が強い鉄道が走っています。区の北側、ＪＲ金町駅から北側の水元付近には鉄道がなく、バスが交通の要になっています。

この三つに分割された葛飾区について、西側、東側、南側でそれぞれ期待される「街」を考えてみたいと思います。

西側なら青砥がおすすめです。京成本線なら都営浅草線を経由して、京成押上線なら曳舟、押上を経由し、いずれも都心へのアクセスは良好です。環七と国道六号線が交わっているため、車によるアクセスも悪くありません。駅前に大型商業施設などが乏しいものの、程よく商店が並んでいますから生活するうえで不自由は感じないでしょう。

東側は金町でしょうか。このエリアでは北口には大型商業施設である「金町とうきゅう」が、南口には「ヴィナシス」というタワーマンションが建ち、近年急速に街区整備が進んでいます。特筆すべきは2013年4月に東京理科大学が葛飾キャンパスを新設したことです。このキャンパスは工場跡地を隣接する公園と一体開発した「パーク型キャンパス」として注目を集めています。さらに2025年をめどに、千葉県野田市にある薬学部が金町へ移転することが決定しています。若者たちが周辺に集結すれば、より華やいだ「街」になることが期待されます。

南側では新小岩が市街地再開発で盛り上がっています。開発規模が大きいタワーマンションも多く計画されており、ＪＲ総武線沿線ということもあり人気が出そうです。ただ商業や業務、医療や文化交流など、今やどの開発エリアでも見られる「てんこ盛り」な計画書を読んでいると、ビジョンがやや平板過ぎるような感じも抱いています。

区の西側の堀切近辺は特筆すべき点が見当たりません。毎年6月中旬頃には堀切菖蒲園に咲く菖蒲が話題となりますが、「街」としての活気は今一歩というところでしょうか。

南側の奥戸付近も新小岩の駅などから遠いうえ環七に分断され、「街」の核となる場所が見当たらないのがいささか残念です。

江東区

清澄白河と東雲はどこが違っているのか

輝く街：門前仲町、清澄白河
くすむ街：東雲、南砂町

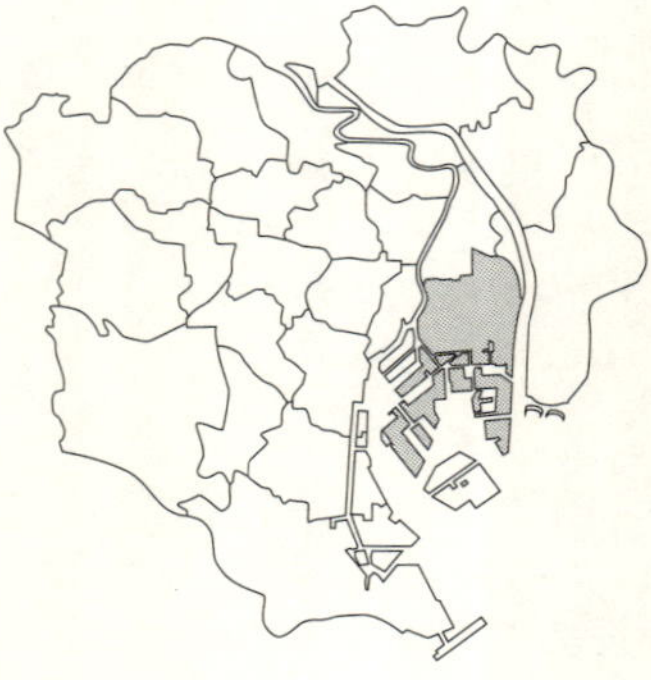

江東区は隅田川と荒川に東西を挟まれ、南では東京湾に面した場所に位置します。区の南側はほとんどが埋立地で、運河が多いエリアでもあります。

東京都心から江戸川区とともに千葉方面へ繋げる役割を担っており、鉄道も区を東西に横断して江戸川、千葉方面へと延びる路線がほとんどです。主な路線は北からJR総武線、都営新宿線、東京メトロ東西線、JR京葉線、東京メトロ有楽町線です。湾岸部にりんかい線、お台場を巡るゆりかもめなどがあります。また千葉と東京都心部間の物流網として京葉道路や首都高速湾岸線などの基幹道路が走っており、交通利便性はかなり高いと言えます。

とりわけ東西線沿線は日本橋や大手町へのアクセスがよく、働く世代に人気となっています。その中でも私がおすすめするのは門前仲町です。ここから東西線を使えば大手町までわずか6分。駅前は古くからの商店街が充実しており、飲食店も豊富です。物価も安いし、暮らしやすさは抜群です。

また最近注目を集めているのが清澄白河です。都営大江戸線と東京メトロ半蔵門線が交差する駅であり、都心部へのアクセスは軽快です。しかし、そうした交通利便性以上に、近年この街は、30代から40代を迎えたミレニアル世代を惹きつける魅力を備えました。第1章でも紹介した米国の人気カフェ、ブルーボトルコーヒーが店舗を構えると、街中の倉庫や工場の一部が続々とコンバージョンされ、お洒落なカフェや飲食店、雑貨店が周辺に多くオープンしたのです。

もともとこの周辺は江戸時代からの物流拠点であり寺院も多く、清澄庭園、木場公園などの公園が整備され、運河周辺も江戸の名残を留めた雰囲気の良い場所

隅田川に面したホテル「LYURO 東京清澄」のテラス。家族連れや観光客らでにぎわう。2018年3月26日撮影。読売新聞社提供

でした。そのポテンシャルが現代になって開花したのでしょう。

1995年にオープンした東京都現代美術館の周辺には、多くのギャラリーが軒を連ねています。また「深川資料通り商店街」や「のらくろード商店街」など個性的な商店街も多く、若者や観光客の心を惹きつけています。

清澄白河と対照的なのが同じ運河の街、東雲です。ここも倉庫や工場が多かったのですが、近年になってタワーマンションが林立し始めました。

ただ、足元の「街」は活気が無く、歩いていても生活のにおいや賑わいがあまり感じられません。豊洲なども同じタワーマンション街ですが、こちらはオフィスや商業施設との融合が起こっていて、交通の便も確保されていますが、東雲については「街」としての特徴を打ち出せずにいる、という印象です。

人気の東西線沿線でも、南砂町についてはあまり評価できません。砂町銀座商店街などの賑わいからはやや距離があるうえ、倉庫と工場の中に住宅街があるような感じになっていて、「街」としての風格が伴っていない印象が否めないからです。

江戸川区

人が集まりにくい構造に置かれた区

輝く街：小岩、西葛西
くすむ街：小松川、平井

江戸川区は葛飾区の南に位置していて、荒川と江戸川に東西を挟まれた南北に長い形をしています。

鉄道としては江東区を東西に横断する路線がそのまま江戸川区まで延びていますが、特に都営新宿線が長く区内を走っています。先述したとおり、新宿線はその名前は良いものの、実際には都心部の北寄りのエリアを横断しているため新宿との間に目立つ駅が少なく、通勤路線などとしていま一つな印象があります。

ＪＲも、総武線は区の北側部分をわずかに通過するだけで区内に位置する駅は小岩駅のみとなります。京葉線に至っては、東京湾に面する南岸に葛西臨海公園駅があるだけです。むしろ江戸川区の幹線は東京メトロ東西線になるのではないでしょうか。とはいえ、この区内にある東西線沿線の駅は西葛西と葛西の2駅だけ。

このうち注目されるのは西葛西です。外国人街の話でも触れましたが、ここは都心に勤めるインド人らが多く住んでいて独特の文化や雰囲気を醸し出しています。南には総合レクリエーション公園や左近川親水公園など、水と緑が豊かな公園も備え、休日の憩いの場にもなっています。

新小岩は葛飾区の話題でご紹介した市街地再開発計画が発表されていますが、JRでその隣駅となる小岩駅もこれから先、再開発が進むものと思われます。小岩はロータリーが西口側に整備されて商店街も充実して暮らしやすい「街」になっています。駅の北側に目を向ければ蔵前橋通り、南側には国道14号線が通っているので車移動にもストレスが少ないエリアです。

ただし区内には南北に走る鉄道が存在しません。また道路も環七がある以外、南北という意味では主要道路がありません。そのため鉄道路線から少しでも外れたエリアは陸の孤島のような状況になってしまいます。

また強力なJR沿線にあっても、新小岩から荒川を挟んだ対岸にある平井や小松川などは、距離的に都心へ近いのにもかかわらず、荒川と旧中川に挟まれた結果、周囲の発展から取り残されたような印象があります。

都営新宿線沿線には核となるような「街」がありません。他線に乗り換えられるターミナルとなる駅がないことがその原因です。こうした事情から、人が集まりにくい構造になっているのかもしれません。

この章の最後に、ここまでご紹介した私がおすすめする「輝く街」について、中古マンションの販売価格と賃貸相場を次ページ以降に図表8として整理してみました。住まい選び、街選びの参考にしていただければ幸いです。

	専有面積（単位：㎡）	㎡単価（単位：円）	坪単価（単位：円）
	60.61 ～ 79.29	3,960 ～ 6,356	13,090 ～ 21,013
	55.61 ～ 71.82	4,855 ～ 6,266	16,050 ～ 20,713
	51.66 ～ 64.40	4,162 ～ 5,357	13,758 ～ 17,710
	60.73 ～ 70.51	4,001 ～ 4,964	13,227 ～ 16,409
	50.65 ～ 71.67	3,909 ～ 4,814	12,923 ～ 15,913
	54.01 ～ 72.34	3,666 ～ 9,677	12,119 ～ 31,989
	55.45 ～ 78.74	3,679 ～ 5,715	12,162 ～ 18,893
	53.12 ～ 65.29	3,953 ～ 4,901	13,069 ～ 16,202
	66.33 ～ 79.80	4,010 ～ 4,975	13,256 ～ 16,447
	62.53 ～ 62.82	4,616 ～ 4,670	15,261 ～ 15,437
	56.25 ～ 70.20	2,169 ～ 2,707	7,170 ～ 8,947
	50.01 ～ 72.80	3,239 ～ 4,093	10,709 ～ 13,532
	53.04 ～ 54.86	3,243 ～ 4,557	10,720 ～ 15,065
	55.35 ～ 71.33	3,668 ～ 4,136	12,124 ～ 13,672
	56.23 ～ 72.66	4,802 ～ 4,817	15,873 ～ 15,924
	52.12 ～ 76.41	3,684 ～ 5,235	12,178 ～ 17,306
	53.21 ～ 77.44	3,740 ～ 5,010	12,363 ～ 16,563
	50.26 ～ 74.63	3,350 ～ 3,416	11,074 ～ 11,293
	50.17 ～ 79.60	2,261 ～ 3,030	7,475 ～ 10,016
	57.60 ～ 57.83	2,784 ～ 3,837	9,203 ～ 12,684
	54.97 ～ 61.33	2,820 ～ 3,832	9,321 ～ 12,667
	55.49 ～ 66.18	2,523 ～ 2,947	8,340 ～ 9,741
	55.06 ～ 56.52	2,601 ～ 2,724	8,598 ～ 9,006
	51.07 ～ 51.63	3,041 ～ 4,954	10,052 ～ 16,377
	50.11 ～ 67.36	3,592 ～ 4,721	11,875 ～ 15,606

■図表8
「輝く街」の中古マンション・賃貸マンション相場

区名・町名		中古マンション			賃貸マンション
		売出価格（単位：万円）	専有面積（単位：㎡）	坪単価	月額賃料（単位：円）
千代田区	番町	12,800	77.26	548	240,000 ～ 504,000
	富士見	12,500	76.25	542	270,000 ～ 450,000
中央区	大伝馬町	6,280	70.08	296	215,000 ～ 345,000
	人形町	7,200	73.35	324	243,000 ～ 350,000
港区	泉岳寺	6,780	60.00	374	198,000 ～ 345,000
	青山	9,480	62.74	500	198,000 ～ 700,000
新宿区	四谷	6,580	61.64	353	204,000 ～ 450,000
	市谷	6,200	54.18	378	210,000 ～ 320,000
渋谷区	代々木上原	7,480	64.69	382	320,000 ～ 330,000
	千駄ヶ谷	7,980	56.82	464	290,000 ～ 292,000
大田区	羽田空港周辺	4,680	75.92	204	122,000 ～ 190,000
品川区	大井町	7,280	75.46	319	162,000 ～ 298,000
	武蔵小山	8,580	78.81	360	172,000 ～ 250,000
世田谷区	三軒茶屋	6,230	63.93	322	203,000 ～ 295,000
	二子玉川	6,150	64.67	314	270,000 ～ 350,000
目黒区	目黒	7,680	75.37	337	192,000 ～ 400,000
	中目黒	8,180	79.37	341	199,000 ～ 388,000
中野区	中野	5,980	64.99	304	171,700 ～ 250,000
	新井薬師	4,490	63.54	234	152,000 ～ 180,000
杉並区	高円寺	5,680	64.10	293	161,000 ～ 221,000
	西荻窪	5,970	74.63	264	155,000 ～ 235,000
練馬区	練馬	5,990	71.56	277	140,000 ～ 195,000
	江古田	4,680	70.16	221	147,000 ～ 150,000
豊島区	巣鴨	7,580	72.04	238	157,000 ～ 253,000
	大塚	6,980	73.70	244	180,000 ～ 318,000

	専有面積（単位：㎡）	㎡単価（単位：円）	坪単価（単位：円）
	59.71 ～ 75.34	2,981 ～ 3,438	9,855 ～ 11,364
	52.08 ～ 74.27	2,880 ～ 3,932	9,521 ～ 12,997
	56.76 ～ 65.97	2,625 ～ 2,531	8,678 ～ 8,368
	55.77 ～ 57.75	2,303 ～ 2,869	7,613 ～ 9,484
	54.03 ～ 66.51	3,082 ～ 3,146	10,189 ～ 10,401
	56.73 ～ 60.90	3,314 ～ 3,810	10,955 ～ 12,593
	58.52 ～ 60.98	2,102 ～ 2,837	6,948 ～ 9,378
	53.40 ～ 61.32	2,921 ～ 4,322	9,657 ～ 14,286
	50.59 ～ 62.11	3,775 ～ 3,832	12,481 ～ 12,667
	50.17 ～ 57.60	2,622 ～ 4,046	8,666 ～ 13,376
	69.46 ～ 69.56	2,573 ～ 2,663	8,507 ～ 8,805
	50.82 ～ 66.05	1,869 ～ 2,256	6,180 ～ 7,457
	58.17 ～ 67.49	2,974 ～ 4,519	9,832 ～ 14,939
	53.65 ～ 54.43	2,774 ～ 3,747	9,171 ～ 12,385
	53.72 ～ 67.63	2,141 ～ 2,735	7,077 ～ 9,043
	50.03 ～ 55.08	2,239 ～ 2,905	7,401 ～ 9,603
	55.49 ～ 70.12	3,244 ～ 3,708	10,723 ～ 12,258
	56.64 ～ 70.48	2,825 ～ 3,547	9,338 ～ 11,726
	59.16 ～ 75.72	1,775 ～ 3,302	5,867 ～ 10,915
	60.00 ～ 71.07	2,233 ～ 3,096	7,383 ～ 10,233

注：2018年９月27日時点で「SUUMO」に掲載中の中古マンションからおおむね中央値の価格を記した。マンションの条件として60～80㎡（ファミリータイプ）、2000年～2010年頃に新築されたもの。タワーマンションの最上階など、プレミアムの付いた物件は除く

区名・町名		中古マンション			賃貸マンション
		売出価格（単位：万円）	専有面積（単位：㎡）	坪単価	月額賃料（単位：円）
文京区	本駒込	6,400	64.04	212	178,000 〜 259,000
	茗荷谷	7,380	79.86	264	150,000 〜 292,000
板橋区	大山	4,980	63.27	209	149,000 〜 167,000
	成増	5,980	75.06	248	133,000 〜 160,000
北区	赤羽	5,680	78.86	261	170,000 〜 205,000
	西ヶ原	5,280	67.08	222	188,000 〜 232,000
荒川区	町屋	3,200	68.40	226	123,000 〜 173,000
	日暮里	3,780	64.94	215	156,000 〜 265,000
台東区	上野	6,980	74.62	247	191,000 〜 238,000
	浅草	4,980	64.50	213	151,000 〜 203,000
足立区	北千住	4,800	72.71	240	179,000 〜 185,000
	西新井	3,950	64.57	213	95,000 〜 149,000
墨田区	錦糸町	7,250	78.51	260	173,000 〜 305,000
	押上	5,130	67.80	224	151,000 〜 201,000
葛飾区	金町	3,960	75.37	249	115,000 〜 185,000
	青砥	3,690	69.34	229	112,000 〜 160,000
江東区	門前仲町	5,680	66.16	219	180,000 〜 260,000
	清澄白河	5,198	63.47	210	160,000 〜 250,000
江戸川区	小岩	3,980	71.81	237	105,000 〜 250,000
	西葛西	4,180	64.54	213	134,000 〜 220,000

第5章

東京の未来

「住まい探し」から「街探し」の時代へ

第2章

東京の未来

■「会社ファースト」時代の終わりに

いよいよ最終章となりました。

ここまで東京を住むための「街」としてお話ししましたが、一方で私たちは住まいを探す際、これまでは交通利便性や資産としての価値を主眼に考えてきました。しかし、これから社会に起こる変化は人々のライフスタイルや価値観そのものを大きく変える可能性があります。まさに「住まい探し」は「街探し」の時代に入ったのです。

この章では東京の未来を俯瞰しながら、「街」を中心に据えた「住まい探し」の可能性を探ってまいりましょう。

総務省の労働力調査によれば、２０１８年3月における就業者数は６６９４万人ですが、このうち雇用者数は５９３３万人、就業者全体の88・６％がサラリーマンというのが現代の日本社会です。日本人の顔はすなわちサラリーマン、と言ってよいほど日本は「サラリーマン社会」になっています。

この数値がどれだけ高いかというと、50年前の１９６８年3月で見ると就業者数４９６５万人に対して雇用者数は３１０７万人でその割合は62・５％に過ぎませんでした。世の中で

「働き手」としてカウントされる15歳から64歳の人口を意味する生産年齢人口は、98年には8692万人だったのが、現在は7592万人と約13％も減少しています。ところが同じ期間で雇用者数は5389万人から5933万人へと逆に10％も増加しています。日本社会のサラリーマン化は急速に進行してきたといえるのです。

サラリーマンといえば毎朝毎夕、通勤電車に揺られて都心にある会社に通うというのがお決まりで、郊外からの長時間通勤のストレスからはなかなか解放されませんでした。しかしこうした生活スタイルは1990年代半ば以降、ようやく変わり始めます。

まず経済、産業構造の変化で都心部の工場がアジアに移転し、土地の容積率も緩和された結果「タワマン」と呼ばれる超高層マンションの建築が可能となりました。さらに夫婦共働きが当たり前になった結果、世帯年収が上がり、低金利の追い風を受けて世帯における住宅購買力が飛躍的にアップしていきます。こうして団塊ジュニア以降の世代は幸いなことに、親たちには叶わなかった都心居住が可能となりました。

しかし、これもまだすべてが「働く」ことを優先した選択でした。会社に通勤する以上、居住地を会社の近くに設定する。それはある意味で合理的な選択がもたらした結果です。つまり私たちは意図するとしないとにかかわらず「会社ファースト」の人生選択をどこかで行ってきた、ということです。

その根底には、社会やライフスタイルが変化しようと、なかなか変わることが無かった朝9時に出勤して午後5時になれば帰宅する、という昭和時代の「働き方」がベースにありました。しかし今、人々の働き方は、何も政府が提唱する「働き方改革」を待つまでもなく、変わりつつあります。特にこれからの社会では通信機器やオフィス環境、ＡＩ技術の進化などにより、会社の業務そのものまで大きく変わることも容易に予測できます。それに伴い、会社の構造が必然的に変わることになります。

社員一人にデスク一つをきっちり用意しないフリーアドレス制を導入する会社が増えていることはすでに述べましたが、今後はさらにその先、社員間はオンライン上のみで繋がり、各社員が好きなとき、好きなスタイルで仕事をするビジネス形態へと近付いていくのではないでしょうか。そしてそのとき、世の中から「通勤」という言葉はなくなるかもしれません。そもそも「勤める」ために会社へ「通う」理由がないのですから。

つまり長く続いた「会社ファースト」時代が、いよいよ終わりを告げる時がきたのです。

JR 中央・総武線の「イスなし車両」。2020年までに姿を消す予定とされる。新宿駅にて2017年 1 月30日撮影。読売新聞社提供

■「通勤利便性」が消失した先で何が起こるのか

そう考えれば、未だに根強い「会社の近くに住む」という都心居住の考え方も怪しくなってきます。確かに都心は「交通利便性」が高い。とは言え、今現在多くの人が考える「交通利便性」とは、あくまで自分たちが勤める会社との行き来のために便利かどうか、つまり「通勤利便性」という意味合いが強かったのではないでしょうか。

たとえばそういう意味での「通勤利便性」を重視し、湾岸の工場跡地などにやや強引に建設されたタワーマンションなどは、人々が暮らすための環境が整っていない立地にあるのも事実です。

現代の若い人がかつての同世代に比べて車を所有していない、とよく言われます。車は必要なときにシェアカーなどを使う。車を買っても使うのは週末だけで、駐車場代などのコストを払う、あるいは家のまえに「展示」をしているくら

いなら買わないほうが良い。自転車すらシェアで問題ない。洋服だって誰かが一度着たもののリユース（たとえばメルカリなどを利用して）で十分、という考え方がごく当たり前になりました。

つまり以前のように、とにかく消費することを喜ぶ、というライフスタイルはとっくに消えてなくなってしまった、ということです。

こうした大きな変化がライフスタイルに生じる中、時に辛さを伴うこともある「通勤」だけ、旧来の習慣として残っていくとは到底思えません。そして「通勤」がなくなった瞬間、同時に「通勤利便性」という概念も消え、住まい選びの価値基準は大きく転換していくことになり、人々は「街」との関係性をもっと真剣に考え始めるようになります。なにせ「街」を出ないまま、一日の大半を過ごすことになるわけですから。

否が応でも私たちはこれから先「家の良し悪し」「通勤利便性」にこだわっていた住まい選びを根本から覆すことになるのです。

■これからの「住まい選び」の価値基準とは

自分の住む「街」で「暮らす」だけでなく、「働く」「遊ぶ」「買い物する」「寛ぐ」といった生活の多くの要素が求められるようになると、「住まい選び」の価値基準はどう変わっていくでしょうか。

まず家族という点ではどうでしょうか。

家族構成にもよりますが、子供が小さいうちであれば保育所や学校が近くにあると何かと便利だったのは事実です。しかし夫婦ともに通勤せずに「街」のコワーキング施設などで働いて済むようになれば、少し離れた街の保育所や学校であっても対応が可能となる、という皮肉な現実が生まれそうです。そして、子供とはすぐに大きくなるもの。そうなれば住まい選びの選択肢として、「保育所や学校がすぐ近くにあるかどうか」は優先順位としてやや後退するかもしれません。

次に自身や配偶者の趣味という点。

こちらはウェイトを増しそうです。「サーフィンが好きだから海岸の近くに住む」という選択肢も、「通勤」の無い社会ならますます可能になりそうです。ゴルフが好きな人ならゴルフ場の近くに住み、仕事前にハーフラウンドをまわってから仕事にとりかかる、という人も出てくるかもしれません。

知り合いの中に、東京都内から金沢へと突然引っ越してしまったデザイナーがいます。理由を尋ねれば、手がけている仕事は自分が都内にいなくとも、インターネットがあれば十分こなせることに気づいたので、かねてから好きだった金沢へ移住したと言っていました。金沢では古民家を借りて自分の趣味に沿って内装を変え、仕事前に徒歩数分の港から出船して釣りをし、仕事を終えた夜、朝に釣ってきた新鮮な魚を食べるのだそうです。

仕事という点ではどうでしょうか。

たとえば今、政府も導入を後押ししている副業。副業が広範に認められるようになると、それを優先した立地を選択する、などという考えも出てきそうです。たとえば本業はオンラインでこなしながら、郊外の駅前に飲食店を経営し、そちらを副業としてこなす。また季節に応じた仕事を行う、といった二毛作社員、二期作社員も多く生まれそうです。午前中は親の介護に注力して、午後から夜にかけて本業をするなど、より時間を自由に使い、自分で理想のライフスタイルを組み立てることが可能になるでしょう。

いずれにせよ、生まれてくるのが「街を住みこなす」という発想です。それはつまり街が自分にとってどれだけ有用か、という判断でもあります。

■「街間格差に備えよ」という本当の意味

一昔前は、お父さんは毎日遅くにしか帰ってこない、そのため専業主婦のお母さんと子供がハッピーに過ごせる「街」が求められました。そして今の現役世代は会社への通勤を重視するという「通勤利便性」、とりわけターミナル駅周辺を選好する傾向があります。

しかしこれは「ベッドタウン」として住む街を選んでいるだけで、実は昭和から平成初期までの「住まい選び」となんら変わりがありません。

これから先「街を住みこなす」ために最も重要なことは、自分のライフスタイルを確立することにあります。

これまでのサラリーマンは「会社で働いていればそれで良し」として、住まい選びもその延長線上で考えればよかったのです。それが一日のかなり多くの時間を「住む街」で過ごすということとなれば、ただ単に「保育所が近くにあるかどうか」とか「駅から何分」とか、ましてや「買った家がこの先値上がりするかどうか」などという古い発想では対応できなくなります。

「自分らしく」などと人はよく言いますが、実際に「自分らしさ」を自覚し、それに沿った人生を歩んでいる人は意外と少ないものです。なんとなくではなく真剣に人生を豊かにするため、もしくは自分を磨いていくため、自分の住む街とどういった関係性を築くのかがこれからの大事なテーマです。

もし理想的な関係性を確立できたなら、ライフスタイルが根本から変わっていく社会の中で生じる自由時間を有効に活用し、それではじめて有意義な人生を送ることができるのです。

このことは、勤労者の間でも生き方や考え方が異なる人がいるのが当たり前で、異なっていても待遇や処遇に差が生じない、むしろ人とは違う自我や個性を持つ人ほど評価される時代に繋がる可能性を秘めています。今までのような、どこを切っても同じ「金太郎飴」のような考え方でいると、人生はとてつもなく退屈になりますし、職種によってはＡＩなどに代替され、失業の憂き目を見る可能性もあると思います。

それと同時に家余りの時代の中で、都内の同じようなポジションにある「街」であっても「選ばれる街」と「遠慮される街」に厳しく選別され、暮らしやすさや自治体のサービス、治安、不動産の価格などあらゆる面で差が生じるようになるでしょう。これこそが私がこの本を通じてお話ししてきた「街間格差に備えよ」という言葉の真意です。

「都心にあるから」「タワマンだから」「駅から近いから」「ブランド路線だから」といったこととは次元が違う「街の持つソフトウェア」によって、その価値やあなたの人生の豊かさまでが決まる時代がもう目の前までやってきているのです。

■必要なのは「新陳代謝」

住まいを選ぶ際には各人の趣向によっていろいろな尺度があってかまわないと思っています。ただし不動産屋的な観点からすると、住まいの価値において重要となるキーワードは街の賑わいであり「新陳代謝」です。つまり元気な人々が一定限度、常に「入れ替わる」街こそ、発展する可能性を秘めています。

高度成長期やバブルの時期、郊外に出来たニュータウンを思い浮かべてみてください。あるいは平成になって出来た大規模団地やタワーマンションを想像してみてください。

一度に出来上がった建物群には同じような年齢、年収、家族構成のファミリーが一斉に入居したはずです。そしてその中では同時に子供が育ち、同時に親たちも歳を重ねていきます。「街」の分譲当時には新しい「血」が入ってきたでしょうが、もしその後「血」の入れ替わりがなければ、どうしても「街」全体が衰えてしまいます。

一方で入れ替わりが起きているとどうなるでしょうか。

まずは不動産が動きます。新しく人がやって来れば、不動産を借りる、買うといった商取引が生まれます。新しく来た人は不動産とともに、家具や家電を買うかもしれませんし、商店や飲食店にお金を落とすかもしれません。それによって「街」の経済は潤い、商売を志す人が新しく流入し、各店もトレンドを追うようになります。つまり「街」が活性化していくのです。

しかし東京の現実を見ると、都心で働く人の「ベッドタウン」の役割を担っていた、ニュータウンの多くは現役世代への引き継ぎが円滑にできていません。それは「現役世代が受け継ぎたい」と考えるような装置や機能が「街」に伴っていないからです。

では新陳代謝を促す装置や機能とは何か。それは「街の魅力」に尽きると私は思います。具体的に言えば、コワーキング施設のようなハードとともに、街で暮らしていくためのソフトウェアの充実もポイントになるはずです。常に新しい人が「街」にやってきて柔軟な思考と好奇心で活動する。その人たちも含めた新しいサービスを考察して提供する。こうしたやりとりが街の魅力を高めていくのではないでしょうか。

たとえば中野区の項目で紹介した中野駅周辺は、新しく大学や企業が入ってきたことで大きく変わりました。まさに「新陳代謝」が生じたのです。一方で、同じ中央・総武線沿線で、しかもより新宿に近い位置関係にある東中野は「新陳代謝」が生まれる気配がなく、この先

高島平団地の商店街の一角でNPO法人ドリームタウンが運営する居場所「地域リビングプラスワン」。住民ボランティアがつくる食事を求めて子供から高齢者までの多世代が集う。2018年10月９日撮影。読売新聞社提供

の「街」の発展はいま一つ見えてきません。まさに典型的な「街間格差」だと思います。

つまりこれからの「街」とは必ずしも都心部への近さで発展が決まるものでなく、また「住まい」そのものも駅までの徒歩にかかる時間だけで、その価値が決まるものではなくなりつつあるのです。

なお人の出入りと言っても、動くのはこれまでのような若い人だけではありません。シニア層も積極的に動き出しています。

郊外の戸建てニュータウンなどに住んでいた彼らですら、「街」の老朽化に嫌気がさして、自分のライフスタイルに合った場所へ脱出し始めています。受け入れる「街」としても、若い人のみならずシニア層までを含めた老若男女が集まってくれれば年齢構成のバランスも取れ、いろいろな価値観を持った人たちの間で豊かな文化が生まれます。「街」の魅力とは、何も

若い人たちだけのものではないのです。

たとえば23区内ではありませんが、中心地の交通網が発達し、商業施設や娯楽施設、公園などがバランスよく整っている立川市では、シニア層が郊外の戸建て住宅を手放し、市の中心部に立地するマンションなどへ住み替えるような現象が多く見られています。

そうなれば、新参者を受け入れる土壌もより重要になるでしょう。

たとえば地域のお祭りに他所の人や観光客らが参加しようとしたら、それを拒否された、といった話が聞こえてきます。しかし新参者を受け入れようとしない風土は、如実に街の「新陳代謝」を妨げてしまいます。自らが胸襟を開き、新しい考えや趣向を積極的に取り入れていくような姿勢もこれからの「街」には必要なのです。

■二地域居住のススメ

「通勤」に縛られないようになれば、ライフスタイルに応じて住まいを使い分けることもできるようになります。

たとえば、仕事の便利さを重視して平日は都心の賃貸マンションに暮らし、週末は郊外の土地に自分の趣味を生かして建てたオーダーメイドの家で過ごす、という生活も今より容易にできると思われます。心にゆとりが生まれると同時に、仕事のオン・オフがはっきりして、健康にも良い影響を与えるかもしれません。

これから先、郊外部では大量に中古住宅が余ります。価格はかなり安くなるはずですから、これらをよく吟味し、ニーズに合った家を探すのも良いでしょう。

やがて不動産デベロッパーがポエムを書き、怪しいブランディングを通じて顧客をおびき寄せるような新築マンションの販売方法には多くの人が興味を失い、自らが主体となって住宅や土地を探す人のほうが主体になると思われます。

そうした住まいは、大量分譲される戸建て団地や大規模マンションなどではないので、建物だけでなく、暮らす「街」そのものをよく研究することになるでしょうし、住み始めた後も、積極的に街へ溶け込もうとするでしょう。それはまさに「街の一員に加わる」ことを意味しています。一員となった後は、街の機能や装置を使いこなすことで、もしくはそれらを自ら築き上げることで、暮らしに彩を与えていくのです。

また二地域居住などを通じて働く場所を選べるのであれば、北海道と沖縄に二つの家を持ち、夏の間は涼しい北海道にいて、たまに沖縄に泳ぎに行く、冬は暖かい沖縄で過ごしながら、たまに北海道までスキーに出かけるなどという贅沢な生活も十分にありえます。副業と絡めて夏は沖縄、冬は北海道で観光客を相手に商売をする、などという考え方もあるでしょう。

海と山に家を持つのも良いですし、山の手と下町に家を持ってそれぞれの街の文化を楽しもうという人もでてくるかもしれません。ともあれ二地域居住は大いに可能性を秘めている暮らし方なのは間違いありません。

一方でこれは、人の流出に長年悩んできた地方にとって、人材を確保する大チャンスとも言えるでしょう。

東京都心に縛り付けられ、９時から５時まで働くことで自由を奪われてきた多くの勤労者が時間と場所の制約から解放され、自由に動き始めるインパクトとは、社会的に見てとても大きなものです。ここでの人の流れに応じ、街のあり方も変容を余儀なくされるでしょう。

二地域居住が進展すれば街間の競争が促進され、こちらでも「街間格差」が大きくなります。いかにして多くの人たちに選んでもらえるか、熾烈な住民獲得競争が始まります。時に別の自治体から、もしくは近くの「街」から人を奪うようなやり方も生じるのかもしれません。「街間格差」の中で、生き残りをかけた壮絶な戦いが起こることが予見されます。

■この先、東京は

最近、お客様やメディアから多くいただく質問が「オリンピック後の東京の不動産は大丈夫か」というものです。

ここで言う「大丈夫」とはそもそもどういう意味でしょうか。もし値上がり・値下がりという観点からなら、都心の一部のエリアは一時的に下がるかもしれませんし、投資マネーの支えが続くかぎり、ある程度の水準を保つかもしれません。場所によっては値上がりが続くエリアもあることでしょう。

しかし、その他の多くの住宅地に位置する中古住宅や土地の値段は下がる、というのが私の見立てです。理由は本書で述べたとおりです。

ただし一方で、世間の関心が不動産価格の上がり下がりだけにあまりに偏っていることに一抹の寂しさを覚えています。あたかも国民全員が不動産投資家になってしまったと錯覚するほど、住まいが「金儲けの道具」として捉えられているように映るからです。

確かに日本中の不動産価格が右肩上がりになっていた時代がかつてありました。今も激しく地価が上昇するエリアがあるのは確かですが、まったく上がらない、むしろ下がっているところも数多くあります。不動産価格を一律に「上がる」「下がる」で論じられなくなっているのが現代の日本であり、東京なのです。

その道の専業である私から見ても、「不動産で儲ける」のは相当大変です。特に近年、不動産には投資マネーが多く流れ込んでいるため、投資家の思惑や期待、失望などに成果が左右されるようになりました。金融と深く結びついてしまった以上、プロ投資家の前で素人が儲けるのが難しくなったのは株式や債券の世界と全く同じ構造です。また価格が高いだけに、失敗した時のダメージも極めて大きいのも怖いところです。

ただ長らく不動産の仕事をやっているうちに、住まいそのものの値段ではなく、住まいの背後にある「街」の盛衰のほうが気になるようになりました。本書でも紹介してきたように、同じ東京にあっても元気な街、そして衰えた街の格差が、以前よりもはっきりと目につくようになってきたからです。そしてそれは、不動産価格云々の話とは異なり、人間の体で言う内臓部分の話であり、このまま放っておけばいずれ大きく健康を損ねるのではないか、という状態の「街」が出始めているという事実です。

東京とはそれぞれの「街」の集合体です。

そしてその「街」すべてが一律に発展する時代はとうの昔に過ぎ去り、これからその成長は「まだら模様」になっていきそうです。

さらに見方を変えれば、東京は多様で面白い「街」の集合体であることにも気づかされます。地方の方がうらやましがるように、東京はすべてが洗練され、全国からの人や物資を独り占めし、東京だけが発展しているのではありません。地方ではなかなか実現できない異文化や異なる風俗や習慣、考え方が混ざり合い、発展している「街」なのです。そういった意味で、東京とは全国で最も「新陳代謝」がなされてきた「街」と言うこともできるでしょう。

さて、未来の東京はどのように変貌を遂げていくのでしょうか。本書でも予告したように人々のライフスタイルが変わっていく中で、「街」に求める要素は大きく変わりつつあります。「街」を選ぶ選択肢もおそらく今とは比べものにならないほど多数かつ多様になると同時に、そこで暮らす人々の顔も変わってくるでしょう。

東京の高齢化はこれからが本番です。ただしそれで東京の「顔」がどんどん歳を重ねていく、ということには留まらないと思われます。おそらく外国からも多くの人々を受け入れて、よりコスモポリタンな「顔」へと変貌していくものと考えられます。

そもそも高齢者だって、かつてのように「定年退職したら自宅に引き籠もる」というイメージは過去のものになりつつあります。「街」へ出て社会と繋がり、生き生きと過ごす。高齢者だからみな活力が無い、ということではないのです。

JR 山手線新駅の建設予定地を前に。2017年２月10日撮影。読売新聞社提供

ここに新しい東京の姿が現れてきます。朝夕に通勤する人の数が減り、電車の混雑も緩和されます。

人々は思い思いの時間に働き、子供を育て、家族と過ごす時間が飛躍的に増加します。「街」では芸術や文化、スポーツなどのイベントが開かれ、地域の人々に支えられた芸術家やスポーツ選手に老若男女が交わり、一緒に楽しみます。

それぞれの「街」がそこで暮らす意味や価値を強め、魅力あるメニューを発信し、人を集めるようになります。

新陳代謝に成功した「街」は、新しい人たちを積極的に受け入れ、咀嚼しそこでまた新しい価値を創出していきます。

こうした東京の未来像が実現したとき、果たしてそのときも人々は、

「5年後私の家は値上がりするでしょうか」

「ターミナル駅から徒歩7分以内じゃないと買ってはいけない」

などという「意味のない」会話をしているのでしょうか。

東京を、そして「街」をもっと楽しむ。「街」によって自分の人生がより豊かになり、「街」を自らの力で輝かせる。

そんな未来にしていきたいものです。

おわりに

人はなぜ「街」に暮らすのでしょうか。そもそも誰もいない土地に勝手に家を建て、自分たちだけで暮らすことも人は自由にできるはずです。

1974年から83年にかけて制作されたアメリカのテレビドラマ「大草原の小さな家」では、主人公ローラとともにインガルス一家が、ウィスコンシン州を皮切りにカンザス州、ミネソタ州、サウスダコタ州を渡り歩き、いろいろな体験をしていくさまが日本でも放送され大ヒットとなりました。彼らは一家だけで大草原に住んでいました。

しかし、人にはコミュニケーション能力が備わっています。人は集まり、そこで知恵を出し合い、互いが協力しあって生きていく存在でもあります。互いにルールを作り、集団としての秩序を保ち、暮らしていく才能が人間にはあるのです。だから「街」とは人々が豊かな生活を営むための、いわばプラットホームのような存在とも言えるのです。

ところがどうも、戦後の高度経済成長期から平成に至るまでの日本の「住まい選び」では、自分たちが住むという「最小単位」である家の中ばかりに関心が集まって、本来重要であるはずの「街」に対して目を向けてきませんでした。

自分の勤め先から何分かかるか、子供の保育所があるかないか、住宅ローンの金利が何パーセントか、税金の戻りがいくらか、家賃とローン返済のどっちがトクか、そして自分たちの住む家は将来、値段が上がるのか、それとも下がるのか——。

もうお気づきでしょう。すべてが自分たちのことだけなのです。ここには「街」の中で暮らすという要素がほとんど登場しません。これでは大草原の小さな家とあまり違いがありません。

これからの住まい探しでは、私たちは「街に住む」ことの効用をもっと考えてみてよいのではないでしょうか。だって自分が暮らす「街」ですもの、そこにどんな生活のためのプラットホームがあるのか、よく吟味してみてはどうでしょうか。

これからの世の中、間違いなく「街」にいる時間が増えていきます。一日の大半を過ごすことになるかもしれない「街」に対して、私たちはもっと審美眼を磨いていくべきなのです。

本書では、今後の家選びを「街選び」という観点から、これまでは思いもよらない切り口も含めて、「街」に対する見方、考え方をご紹介してまいりました。

私も仕事柄、多くの「街」を訪れていることに今更ながら気づくのと同時に、まったく足を踏み入れたこともない「街」が多数あることにも気づかされました。あらためて東京の持つ都市としての懐の深さに感慨を覚えました。

これからも東京人の不動産屋として、未来の東京に抱かれていこうと思います。

ラクレとは…la clef=フランス語で「鍵」の意味です。
情報が氾濫するいま、時代を読み解き指針を示す
「知識の鍵」を提供します。

中公新書ラクレ
643

街《まち》間《かん》格《かく》差《さ》

オリンピック後《ご》に輝《かがや》く街《まち》、くすむ街《まち》

2019年1月10日発行

著者……牧《まき》野《の》知弘《ともひろ》

発行者……松田陽三
発行所……中央公論新社
〒100-8152 東京都千代田区大手町1-7-1
電話……販売 03-5299-1730　編集 03-5299-1870
URL http://www.chuko.co.jp/

本文印刷……三晃印刷
カバー印刷……大熊整美堂
製本……小泉製本

Published by CHUOKORON-SHINSHA, INC.
Printed in Japan　ISBN978-4-12-150643-6　C1236

中公新書ラクレ　好評既刊

L489
教養としてのプログラミング講座
清水　亮 著

もの言わぬ機械とコミュニケーションをとる唯一の手段「プログラミング」。ジョブズら世界的経営者はみな身につけていたように、コンピュータが隆盛する今、世界中で通用し、求められるプログラミング技術は、もはや「教養」だ。この本は、成り立ちから簡単な作成、日常生活に役立つテクニックなどを、国認定「天才プログラマー」が解説。プログラマーの思考法を手に入れることを実現します。21世紀の成功者はどんな世界を見ているのか？

L499
マンガ　コサインなんて人生に関係ないと思った人のための数学のはなし
タテノカズヒロ 著

職場や恋愛など日常シーンを舞台に、数学の美しさ、魅力を体感！　確率、円周率、素数など義務教育の範囲から、黄金比、フィボナッチ数列といった話題まで1テーマ1話完結。初心者にもやさしい解説文つき。理系イラストレーターが贈る、数学愛あふれるコミックエッセイ。「第1話　宝くじを当てるためには【確率】」「第2話　CDと火星探査機とバーコードの秘密【符号理論】」「第3話　「円周率は3である」は悪か？【円周率】」……。

L513
肩書き捨てたら地獄だった
――挫折した元官僚が教える「頼れない」時代の働き方
宇佐美典也 著

東大卒・元官僚というエリート中のエリート、宇佐美典也。しかしその肩書きを捨て、独立した結果、まったく社会で通用しなかった。残金2万円、官僚を辞めて1年足らずでむかえた「地獄」。そこで見出した、これからも揺るがない働き方・生き方とは何か？　月間100万PVを超える人気ブロガーで、テレビコメンテーターなどを務める著者が、地獄から這い上がった過程や経産省、都知事選での体験を盛り込んで未来を提言。宇佐美が吠える！

L514

東京駅「100年のナゾ」を歩く

——図で愉しむ「迷宮」の魅力

田村圭介 著

赤レンガ、地下街、高層ビル……進化し続け100周年を迎えた東京駅。その複雑な構造を10秒で理解する「川田十」とは？ ビジュアルを使って、ディープな内側を紙上体験！ 「最適な待ち合わせ場所」「抜け道、寄り道、迷い道」「近未来予測」など、目からウロコのお役立ち情報満載。カラー写真多数。江藤尚志氏（東京駅駅長）推せん！ 「駅長の私も驚きました！ この一冊で〝東京駅博士〟に」

L542

23区格差

池田利道 著

一人勝ちとも揶揄される東京都。そのパワーの源は「格差」にあった！ 少子化せず、区によっては高齢化も進まない理由とは何か。子育てしやすい区、暮らしやすい区、安心・安全な区、学歴・年収・職業の高い区はどこか。そして山の手ブランドに迫りつつある危機とは？ 23区がうねり、力強く成長を続ける、その理由を東京23区研究所所長がデータで解析。成長のヒントはここに隠れている！ 区別通信簿付き。

L551

ちっちゃな科学

——好奇心がおおきくなる読書&教育論

かこさとし＋福岡伸一 著

子どもが理科離れしている最大の理由は「大人が理科離れしている」からだ。ほんのちょっとの好奇心があれば、都会の中にも「小自然」が見つかるはず——90歳の人気絵本作家と、生命を探究する福岡ハカセが「真の賢さ」を考察する。おすすめの科学絵本の自薦・他薦ブックガイドや里山の魅力紹介など、子どもを伸ばすヒントが満載。NHKで放送され、話題を呼んだ番組「好奇心は無限大」の対談を収録。

L554

プロレスという生き方

——平成のリングの主役たち

三田佐代子 著

なぜ今また面白くなったのか？ プロレスは幾度かの苦難を乗り越えて、いま黄金時代を迎えている。馬場・猪木の全盛期から時を経て、平成のプロレスラーは何を志し、何と戦っているのか。メジャー、インディー、女子を問わず、裏方やメディアにも光を当て、その魅力を活写。著者はプロレス専門チャンネルに開局から携わるキャスターで、現在も年間120大会以上の観戦・取材中。棚橋、中邑、飯伏、里村明衣子、和田京平らの素顔に迫る。

L559

高速道路ファン手帳

佐滝剛弘 著

テーマパーク化するPA、SAなど最新観光情報から、珍標識、ランキング、絶景スポット等のトリビアまで、さまざまな魅力を網羅。新東名、圏央道等の物流革命や、震災復興で高速が再評価される今、インフラの未来予想図は？　著者は日本の高速道路をほぼ全路線走破し、海外でもレンタカーで旅を重ねる。豊富な実地見聞とカラー図版２００枚をおりまぜた、完全保存版。

L570

不動産屋にだまされるな

――「家あまり」時代の売買戦略

山田寛英 著

「人生最大の買い物」といわれる家（不動産）。その売買でこれまでの常識が通用しなくなりつつある。変化を捉え、新しい知識を得よ、と主張するのが、会計事務所所長・山田氏。氏は従来の不動産取引は業界が潤うために制度が作られ、消費者の利益を損なうことを厭わない商売だという。そこで「バイブルはピケティ」といった新しい考え方や、最新の税や控除の賢い使い方などを指南。不動産屋にも国にも、誰にもだまされたくないならこれを読め！

L582

カラー版 東京いい道、しぶい道

泉　麻人 著

散歩をしていると、大通りから古い道が枝分かれするようなポイントに出くわすことがある。道幅はちょっと狭くて、ひなびた商店が奥の方に何軒か見える。散歩愛好家というのは気まぐれに、だいたい裏道、くねくね道に足を踏み入れてしまうものだ。ここで名づけた「いい道、しぶい道」とはそんな道。街歩きブームの先駆者が、時代の変化を独自のアンテナで捉えながら、東京に散在する、歩きがいのある道を地図と写真をまじえながらガイドする。

L611

50歳からの人生術

――お金・時間・健康

保坂　隆 著

人生後半の質は、自分自身で作るもの。お金があるからといって幸せとは限らない――。精神科医として長年中高年の心のケアをしてきた著者は、人生後半で大切なのは「少ないお金でも心豊かに過ごすこと」だと説く。定年を意識し始める50歳から、「老後のためにお金を貯める」のではなく「今を大切にしながら暮らしを考える」ことで、お金の不安を静かに解きほぐし、「楽しい老後」への道を開く！　心が軽くなるスマートな生き方のヒントが満載。